Raimund Joos

Kleiner Pilgersprachführer

Spanisch und mehr für den Jakobsweg

Band 14 aus der Reihe

Fremdsprech

Kleiner Pilgersprachführer

Alle Informationen, schriftlich und zeichnerisch, wurden nach bestem Wissen zusammengestellt und überprüft. Sie waren korrekt zum Zeitpunkt der Recherche.

Der Verlag ist für Lesertipps und Verbesserungen (besonders als E-Mail) unter Angabe der Auflagen- und Seitennummer dankbar.

Dieses Buch hat 127 Seiten mit 19 Illustrationen. Es wurde auf chlorfrei gebleichtem Papier gedruckt, in Deutschland klimaneutral hergestellt und transportiert und der größeren Strapazierfähigkeit wegen mit PUR-Kleber gebunden.

Band 14 aus der Reihe "Fremdsprech"
ISBN 978-3-86686-914-1 1. Auflage
® FREMDSPRECH ist eine eingetragene Marke für Bücher des Conrad Stein Verlags

Dieses Buch wurde konzipiert und redaktionell erstellt vom
Conrad Stein Verlag GmbH, Postfach 1233, 59512 Welver,
Kiefernstr. 6, 59514 Welver, ☏ 02384/963912, FAX 02384/963913,
info@conrad-stein-verlag.de,
www.conrad-stein-verlag.de

Unsere Bücher sind überall im wohl sortierten Buchhandel und in cleveren Outdoorshops in Deutschland, Österreich und der Schweiz erhältlich.

Auslieferung für den Buchhandel:

D	Prolit, Fernwald und alle Barsortimente
A	freytag & berndt, Wien
CH	AVA-buch 2000, Affoltern und Schweizer Buchzentrum
I	Leimgruber A & Co. OHG/snc, Kaltern
BENELUX	Willems Adventure, LT Maasdijk
E	mapiberia f&b, Ávila

Text: Raimund Joos
Titelbild und Illustrationen: Mele Brink
Lektorat: Kerstin Becker
Layout: Manuela Dastig
Gesamtherstellung: AZ Druck und Datentechnik GmbH, Kempten

Inhalt

Der Autor

Raimund Joos lebt in Eichstätt am Ostbayerischen Jakobsweg. Seit 1992 pilgert er auf den verschiedenen Jakobswegen und ist seit 2005 als Buchautor, Coach und Reiseleiter auf dem Jakobsweg unterwegs. Für den Conrad Stein Verlag hat er neben dem allgemeinen Pilgerratgeber "Pilgern auf den Jakobswegen" noch folgende Jakobswege in Wanderführern beschrieben: Camino Francés, Camino del Norte, Caminho Portugues, Camino Primitivo und Vía de la Plata. Weitere Informationen unter
💻 www.camino-de-santiago.de

Mitarbeit und Dank

Ohne die Mitarbeit vieler Pilgerfreunde wäre dieses Bucheprojekt unmöglich gewesen. Als Erstes ist hier mein Pilgerfreund Tomas López Hausmann zu nennen, der die spanischen Texte überarbeitete und die Seiten zum Galicischen gestaltete. Tomas López Hausmann entstammt einer deutsch-spanischen Ehe, studierte Germanistik und lebt seit 20 Jahren in Santiago, wo er in der Reiseagentur Viajes Orbis (💻 www.viajesorbis.de) als Geschäftsführer tätig ist.

Besonderer Dank gebührt der Zeichnerin Mele Brink, welche praktisch die gesamte Gestaltung des Sprachführers mit Karikaturen übernahm (💻 www.melebrink.de). Gedankt sei auch der 17 Jahre jungen Jane Dastig aus deren Feder die Zeichnung auf Seite 35 stammt.

María Jorquera Aneiros gebührt Dank für das Lektorat des spanischen Textes. Der englische Text dieses Buches wurde von Massimiliano Muratori und Jens Heise ausgearbeitet bzw. korrigiert. Für die Hilfe bei den italienischen Seiten danke ich Inés Anulov-Konrad und Massimiliano Muratori ebenso wie Claudia Hautzinger für den französischen Teil des Buches.

Für Portugiesisch war mir freundlicherweise Isabel Morgado-Kessler behilflich und für das Niederländische sind Mia van Viet und Dolph Stuyling de Lange verantwortlich. Den baskische Teil haben wir unserem baskischen Pilgerfreund Joseba Barkun zu verdanken. Und letztlich seien auch Elisabeth und Werner Alferink dankend erwähnt, die mir halfen, das gleich unten folgende Zitat des Ritters Arnold von Harff von Kölner aufzufinden und auch die Verlinkung verschiedener Texte im Internet zu ermöglichen.

Einleitung

"Gute Frau, lasst mich mit euch zu schlafen?" Die Entsprechung dieses Satzes aus dem Frühneuhochdeutsch und seiner Übersetzung ins Spanische stammen aus der Feder des ehrwürdigen Ritters Arnold von Harff von Kölner, der so freundlich war, in seinem Jakobuspilgerbericht von 1496 der Nachwelt auch einige praktische Sprachbeispiele zur Nachahmung niederzuschreiben.

Ob der sprachlich korrekte Gebrauch der genannten Redwendung damals in grauer Vorzeit auch gelegentlich von Erfolg gekrönt war, oder aber eher mit Verwunderung, hysterischen Schreien, Flucht oder einer saftigen Ohrfeige beantwortet wurde, ist uns nicht überliefert.

Wenngleich sich seither die Umstände auf dem Weg und auch die spanische Sprache geändert haben, folgt auch dieses Ihnen vorliegende kleine Buch der alten Tradition eines Sprachführers, welcher speziell für Pilger verfasst wurde.

Wieso braucht ein Jakobspilger aber überhaupt einen speziellen Sprachführer? Seit der Neuzeit sind Pilger aller Nationen meist ohne einen solchen ausgekommen und nur selten finden sich Hinweise auf Packlisten, in denen ein Sprachführer oder Ähnliches empfohlen wird.

Der Ausdruck "miteinander gehen" ist im Spanischen ebenso wie im Deutschen eine Redensart, die eine besonders intime Beziehung zwischen Menschen beschreibt. Es ist interessant, dass es in allen Sprachen eine Unzahl an Redensart gibt, die sich der Metapher (Sinnbild) des Gehens oder verwandter Wörter bedienen: Denken Sie doch z.B. an den Ausdruck "einer Frage nachgehen" oder "jemandem den Weg ebnen". Die Erfahrung des Gehens hat unsere Wahrnehmung, unser Denken und unser Tun so tief geprägt, dass wir auch in unserer alltäglichen Sprache oft unbewusst auf diese Erfahrung zurückgreifen.

Ganz im Sinne dieser tiefen menschlichen Erfahrung werden Sie sicher auch erleben, dass das gemeinsame Gehen auf dem Jakobsweg eine tiefe gemeinsame Erfahrung schenkt, die es Ihnen ermöglicht, sich auch ohne viele Worte mit Ihren Pilgerbrüdern und Pilgerschwestern zu verständigen. (Weitere Erklärungen und Anregungen zu der Spiritualität des Pilgerns finden Sie in meinem Buch "Warum der Schuh beim Gehen weiter wird".)

Dennoch ist es von Vorteil, einen keinen Sprachführer im Gepäck zu haben. Zum einen sind Sie mit dessen Hilfe in der Lage, verschiedene schwierige Situationen besser zu bewältigen. Zum anderen signalisieren Sie dem Gastgeber durch den Gebrauch seiner Landessprache, dass Sie bereit sind, einen Schritt auf ihn und seine Kultur zuzugehen, was Ihnen sicher mit Sympathie gedankt werden wird. Ganz im Sinne der Weltoffenheit eines Pilgers ist es auch eine günstige Gelegenheit, den Aufenthalt in Spanien dazu zu nutzen, ein kleines bisschen der spanischen Sprache zu erlernen und so die Kultur des Landes besser zu versehen.

Da aber der Jakobsweg ein internationales Pflaster ist, auf dem sich viele Kulturen und auch Sprachen tummeln, wurden in diesem Buch als ein kleines Extra auf einigen Seiten zusätzlich zum Spanischen noch ein paar Redensarten in den Sprachen und Dialekten beschrieben, die am häufigsten auf dem Jakobsweg gesprochen werden (☞ Seite 106).

Ein Sprachführer, der Sie auf dem Jakobsweg begleiten soll, muss aber vor allem einem Kriterium genügen: Dem harten Urteil Ihrer Briefwaage, die Sie zu Rate ziehen werden, wenn Sie Ihren Rucksack packen, um jedes Gramm zu sparen, das Ihnen "das Leben auf dem Weg schwer machen" wird. Dieser Sprachführer wiegt daher nur 133 Gramm. Natürlich musste im Zuge der notwendigen Kürzungen auf vieles verzichtet werden, das sicher für verschiedene Situationen hilfreich gewesen wäre. Um das Buch für Sie "tragbar" zu machen, wurden daher nur die Redeweisen und Wörter aufgenommen, die im Pilgeralltag üblicherweise öfter Verwendung finden oder in bestimmten Situationen unverzichtbar sind.

Noch einen Tipp möchte ich Ihnen mit auf Ihren Weg durch Spanien geben: Bedenken Sie, dass Spanier eher emotional denken und kommunizieren und sich lieber durch ihr Gefühl und weniger, wie viele der deutschsprachigen Pilger, durch den kühlen rationalen Verstand leiten lassen. Versuchen Sie also mehr Ihr "Herz" und nicht allein Ihr Mundwerk sprechen zu lassen und Sie werden größere "Fort - Schritte" im Erlernen und Gebrauch der "spanischen Sprache" machen.

Ich wünsche Ihnen wunderbare Begegnungen mit Ihren Pilgerbrüdern, und Pilgerschwestern aus aller Welt und natürlich auch mit den einheimischen Menschen am Wegrand. Ich wünsche Ihnen tiefe, fröhliche und heilbringende Begegnungen und zwar egal, ob diese Begegnungen nun eines Sprachführers bedürfen oder Begegnungen in der "Sprache des Herzens" sind, welche die Pilger auf ihrem gemeinsamen Weg ja so oft so wunderbar miteinander verbindet.

Guten Weg!
¡Bon camino!
Ihr Raimund Joos

PS: Bitte versäumen Sie es nicht, die folgende Einleitung zum Buch und das Kapitel zur spanischen Grammatik auf Seite 12 zu lesen. Sie werden sich dann besser zurechtfinden.

Zum Gebrauch des Buches

Zeichen

Folgende Zeichen sollten Sie kennen:

☺ Tipp oder Hintergrundinformation
☞ Verweis (auf Seite)
S regionale Spezialität
(m) "unregelmäßig" maskulin (☞ Seite 12)
(f) "unregelmäßig" feminin (☞ Seite 12)

(Um)gestaltung der Sätze

Um Platz zu sparen, wurden einige Sätze so beschrieben, dass sie mit dem Ändern eines Wortes den Sinn des Satzes einfach ändern können. Hier ein Beispiel:

Was kostet die 1/Übernachtung mit Frühstück 2/Halbpension/pro Person?
¿Cuánto cuesta 1/una cama con desayuno 2/una cama en media pensión/por persona?

Achten Sie hier auch gut auf die Setzung der Querstriche, denn diese kennzeichnen den Anfang und das Ende des jeweiligen Satzelementes also entweder

"¿Cuánto cuesta 1/una cama con desayuno/por persona?
oder
¿Cuánto cuesta 2/una cama en media pensión/por persona?

Oftmals können Sie durch das Einsetzen eines Wortes den Satz nach Ihrem Wunsch gestallten. Hier ein Beispiel:

Bitte 1/sag mir Bescheid 2/weck mich/wenn wir in ... sind.

Hier setzen Sie z.B. bei den Punkten die Stadt ein, die das Ziel Ihrer Anreise ist.

Wenn Sie einen ganzen Satzteil weglassen können, dann ist dies durch eine Klammer angedeutet. Zum Beispiel:

Spricht hier im Hause jemand deutsch (oder englisch)?

Der Wortschatz

Die wichtigsten Wörter zu einem Thema finden Sie innerhalb der verschiedenen Kapitel in Tabellen geordnet. Einige dieser Tabellen sind (vorwiegend) alphabetisch, andere dagegen sinngemäß geordnet.

Tipps

Tipps sind mit diesem Zeichen ☺ gekennzeichnet. Sie finden hier auch wichtige Hinweise, um landestypische Sprachmissverständnisse zu vermeiden. Beachten Sie auch die Anmerkungen unter den Überschriften des jeweiligen Themas.

Wenn alle Stricke reißen

Wenn Ihnen die Aussprache eines Satzes nicht gelingt, oder er Ihnen schlicht zu lang ist (☞ Seite 94), dann können Sie natürlich Ihren Gesprächspartner bitten, den Satz mit der gewünschten Frage, Bitte oder Antwort direkt aus dem Buch abzulesen. Die Bitte hierfür finden Sie auf Seite 19.

Spanische Grammatik, Aussprache, Betonung, Tipps

Die vollständige nicht ganz einfache Grammatik der spanischen Sprache kann hier aus Platzgründen nicht beschrieben werden. Das Wichtigste, das Sie aber als Pilger wissen sollten, ist hier kurz beschrieben.

Und sicher wird man Ihnen als Pilger fast alle Grammatiksünden sofort wohlwollend verzeihen.

Das spanische Eigenschaftswort

Wie beim Deutschen ändert sich auch im Spanischen das Eigenschaftswort, wenn es einen männlichen oder weiblichen Gegenstand näher beschreibt. (z.B. "eine rote Mütze" aber "ein roter Rucksack"). Im Spanischen unterscheiden sich die Eigenschaftsworte aber nur dann, wenn diese auf "o" bzw. "a" enden. Das "o" steht hier für die männliche Form und das "a" für die weibliche Form. Sehr gut können Sie dies auf Seite 26 sehen.

Das spanische Geschlechtswort

Erfreulicherweise gibt es in der spanischen Sprache eigentlich nur zwei Geschlechter, nämlich das männliche und das weibliche. Das Geschlechtswort "el" steht für das männliche und das "la" steht für das weibliche. Praktisch ist auch, das fast alle Wörter, die auf "a" oder "as" enden, weiblicher Natur sind. Fast alle restlichen Wörter sind männlich. (Böse Zungen behaupten, dies hätte wohl auch was mit dem Machismo in Spanien zu tun.) "Der Stier" heißt so im Spanischen "el toro". "Das Haus" ist aber im Spanischen z.B. etwas Weibliches und wird "la casa" genannt.

Aus Platzgründen wurden hier keine Geschlechtswörter vor die einzelnen Wörter gestellt. Sie können sich diese aber einfach selbst bestimmen, wenn Sie diese wirklich einmal brauchen. Es gilt folgende Regel:

Alle Hauptworte sind männlich, wenn sie nicht auf "a" oder "as" enden. Die wenigen Ausnahmen werden gekennzeichnet: (f) bedeutet dabei weiblich (feminin) und (m) männlich (maskulin). Lesen Sie z.B. "Tag - día (m)" so bedeutet dies, dass das Wort für Tag "día", obwohl es auf "a" endet, ausnahmsweise männlich ist. Man sagt also nicht "la día", sondern "el día".

"Du - Sie" und "ich - wir"

Um Platz zu sparen, wurde hier in der Regel nur eine der jeweiligen Formen niedergeschrieben, wenngleich bei vielen Situationen auch eine andere Personalform verwendet werden könnte. So z.B.:

"Kannst du mir sagen, wie ich zur Herberge komme?"
oder
"Können Sie uns sagen, wie wir zur Herberge kommen?"

Gewöhnlich wurde hier die "Ich" -Form in Verbindung mit der in der jeweiligen Situation angemessensten Anrede ("Du" bzw. "Sie") verwendet. Das "Du" ist in Spanien sehr verbreitet. Wundern Sie sich also nicht, wenn Sie diese Form im Text sehr oft finden. Haben Sie dennoch Bedenken, diese Form anzuwenden, dann finden Sie auf Seite 19 einen Satz, der zu Ihrer Entschuldigung die Schuld dafür in die Schuhe des Autors dieses Buches schiebt.

Ein bisschen zur spanischen Aussprache

Zum Glück wird man als deutschsprachiger bei der Aussprache der spanischen Sprache nur wenig so falsch betonen, dass man nicht verstanden wird. Vermutlich werden Sie einen Teil der unten aufgeführten Regeln schon intuitiv richtig einhalten. Auf eine Lautschrift wurde hier deshalb ebenfalls aus Platzgründen verzichtet. Die wichtigsten Regeln:

C wird wie ein "k" ausgesprochen, wenn danach a,o,u folgt. Vor **i** oder **e** wird es wie das englische "th", also eher wie ein "s" ausgesprochen (z.B. *casa/cinco*).

CH wird wie "tsch" ausgesprochen (z.B. *chocolate*).

G vor a,o,u wird "g" ausgesprochen. Vor **i** oder **e**, wird es wie "ch" (wie in Kuchen) gesprochen (z.B. *gato/generoso*).

H wird nicht ausgesprochen/verschluckt (z.B. *hombre*).

J wird wie "ch" (wie in Kuchen) ausgesprochen (z.B. *joven*).

LL wird wie ein "j" ausgesprochen (z.B. *Mallorca*).

Ñ wird wie "nj" ausgesprochen (z.B. *España*).

QU wird wie k ausgesprochen (z.B. *queso*).

R im Wort ist ein "gerolltes r" (z.B. *dormir*).

RR (selten) wird mehrmals mit der Zungenspitze gerollt (z.B. *arriba*).

V (selten) wird wie "b" ausgesprochen (z.B. *vaca*).

Z (selten) wird wie das englische "th", also wie ein gelispeltes "s" ausgesprochen (z.B. *zapato*).

Ein Wort zur Betonung der spanischen Silben

Auch hier liegen Sie wieder ziemlich richtig, wenn Sie Ihrem deutschen Sprachinstinkt folgen. Sehen Sie aber einen Akzent auf einem Buchstaben, so liegt die Betonung auf diesem. Bei dem Wort für Samstag "sábado" liegt die Betonung somit auf dem ersten "a" und bei "día" auf dem "i", das anstelle des Punktes einen Strich erhält.

Etwas zur Eigenart spanische Sprache

Die spanische Sprache ist eine lateinische Sprache, die sich unter anderem auch durch den Einfluss des Arabischen über die Jahrhunderte hinweg verändert hat. Wenngleich die ersten Worte und Sätze recht schnell erlernt sind, da z.B. die Schreibweise der Wörter der deutschen Schreibweise sehr ähnlich ist (☞ Seite 13), ist auch diese Sprache mit reizvollen Besonderheiten gekrönt:

Ein Besonderheit ist z.B. der Umstand, dass es zwei verschiedene Verben für "sein" gibt. Das eine "sein" (sp: *ser*) bezeichnet, sehr verkürzt beschrieben, bleibende Zustände wie z.B. die Nationalität einer Person. Das andere "sein" (sp: *estar*) einen vorläufigen Zustand oder eine Ortsbeschreibung, wie z.B. den Aufenthaltsort eines Pilgers oder die Qualität des Wetters (☞ Seite 26 oben). Im Gegensatz zum Deutschen gibt es im Spanischen drei grammatikalische Grundformen der Vergangenheit, was dann dazu führt, dass es z.B. da, wo es im Deutschen für das Wort "sein" nur lächerlich wenige zwei Verbformen für die Vergangenheit in der ersten Person gibt (z.B. "Ich war" und "Ich bin gewesen"), im Spanischen ganze sechs verschiedene Vergangenheitsformen gelernt werden wollen (*he estado, estuve, estaba, he sido, fui, era*).

Als besonders reizvoll ist das sogenannte "subjuntivo" zu beschreiben. So verwenden die Spanier in Sätzen, die keine Realität, sondern einen Wunsch oder sonst eine virtuelle Wirklichkeit beschreiben, für dasselbe Verb eine andere Verbform als für Sätze, die ein Faktum beschieben. Das Verb "laufen", das in den beiden deutschen Sätzen ein und dieselbe Verbform aufweist, hat also in seiner spanischen Übersetzung zwei unterschiedliche Formen.

"Ich *suche* einen Pilger, der im Winter den Weg *läuft* " (sp. and*a*)
"Ich *kenne* einen Pilger, der im Winter den Weg *läuft*" (sp. and*e*)

All dies muss Sie als Jakobspilger aber nicht beunruhigen. Da man es von Jakobspilgern eher gewohnt ist, dass sich diese mit Händen und Füßen oder gar auf Englisch verständlich machen wollen, werden Sie die Spanier sehr mit Stolz erfüllen, wenn Sie den ehrbaren Versuch unternehmen, ein paar Wörter in deren Muttersprache vor sich hinzustottern.

Im Spanischen gibt es übrigens viele verschiedene Sprachen so z.B. das Galicische (☞ ab Seite 107) und Dialekte, z.B. Andalusisch. Das Portugiesische (☞ Seite 111) ist dem Spanischen sehr ähnlich.

Bei einigen hier beschriebenen Wörtern wie z.B. "Ultreya" "Hospitalero/a" oder "Turigrinos" und "Dominguinos" handelt es sich um eine Art "internationales Pilgerspanisch", das auch längst nicht allen Spaniern bekannt ist.

Spanischkurse und hilfreiche Links

Anfängersprachkurse

Wenn Sie schon vor Ihrer Reise ein wenig Gefühl für die spanische Sprache entwickeln wollen, können Sie dies mit Hilfe eines kleinen Kurses oder im Rahmen einer Veranstaltung der Volkshochschule üben. Selbstlernkurse von Pons oder Hueber sind sehr zu empfehlen und können z.B. bei Ebay schon oft für weniger als 10 Euro ersteigert werden. Meist liegen besprochene CDs bei.

Hilfreiche Links

Wollen Sie sich einen kleinen Überblick über die spanische Grammatik verschaffen, so finden Sie unter www.spanisch-lehrbuch.de eine knappe und eingängige Darstellung. Unter der Adresse www.super-spanisch.de findet man ein hervorragendes Onlinewörterbuch zum Nulltarif.

Allgemeiner Teil

Wie viel - *Cuánto*	Wo - *Dónde*	Was - *Qué*
Wer - *Quién*	Woher - *De dónde*	Wann - Cuándo
Wie - *Cómo*	Wohin - *A dónde*	Warum - *Por qué*

Fragewörter

rot - *rojo/a*	grün - *verde*	braun - *marrón*
blau - *azul*	orange - *naranja*	grau - *gris*
gelb - *amarillo/a*	weiß - *blanco/a*	schwarz - *negro/a*

Farben - Colores

Zahlen und Ordnungszahlen

Zahlen

Im Spanischen sind die Zahlen bis 15, so wie die Zahlen im Deutschen bis 12, unregelmäßig. Danach werden die Zahlen immer mit "i" verbunden. Allerdings werden im Spanischen zuerst die Zehner- bzw. Hunderterzahl und dann die Zahlen unter zehn genannt. Also wörtlich übersetzt nicht "ein-und-vierzig", sondern "vierzig-und-eins". Natürlich gibt es auch einige Ausnahmen, die aber hier nicht erläutert werden können.

0 - *cero*	13 - *trece*	100 - *cien*
1 - *uno*	14 - *catorce*	101 - *ciento uno*
2 - *dos*	15 - *quince*	112 - *ciento doce*
3 - *tres*	16 - *dieciséis*	150 - *ciento cincuenta*
4 - *cuatro*	17 - *diecisiete*	163 - *ciento sesenta y tres*
5 - *cinco*		
6 - *seis*	20 - *veinte*	200 - *doscientos*
7 - *siete*	22 - *veintidós*	300 - *trescientos*
8 - *ocho*	30 - *treinta*	400 - *cuatrocientos*
9 - *nueve*	40 - *cuarenta*	500 - *quinientos*
10 - *diez*	50 - *cincuenta*	
11 - *once*	60 - *sesenta*	2010 - *dos mil diez*
12 - *doce*	70 - *setenta*	2013 - *dos mil trece*

Ordnungszahlen

erste/r - *primera/primero*	dritte/r - *tercera/tercero*
zweite/r - *segunda/segundo*	vierte/r - *cuarta/cuarto*

Uhrzeit, Tageszeit und Jahreszeit

Uhrzeit

Meine Uhr ist kaputt. - *Mi reloj está roto.*

Wie viel Uhr ist es? - *¿Qué hora es?*

Es ist ein Uhr. - *Es la una.*

Es ist genau sechs Uhr. - *Son exactamente las seis en punto.*

Es ist neun Uhr vormittags. - *Son las nueve de la mañana.*

Es ist drei Uhr nachmittags. - *Son las tres de la tarde.*

Es ist zehn Minuten nach elf. - *Son las once y diez de la mañana.*

Es ist Viertel nach eins. - *Es la una y cuarto.*

Es ist Viertel vor eins. - *Es la una menos cuarto.*

Es ist fünf nach halb zwei. - *Son las dos menos veinticinco.*

Es ist halb sechs. - *Son las cinco y media.*

Termine und Öffnungszeit

Um wie viel Uhr treffen wir uns (mit Maria)?

¿A qué hora quedamos (con María)?

Um Viertel nach acht.
A las ocho y cuarto.

Di bis Fr: 10:00 bis 14:00 und 16:00 bis 19:00
Ma. a Vi. 10:00 a 14:00 horas y de 16:00 a 19:00 horas.

Sa und So: nachmittags
Sa. y Do. Por la tarde

Mo geschlossen
Lu. cerrado

Letzter Einlass 15 Min. vor Schließung.
Último pase permitido hasta 15 minutos antes del cierre.

Unbestimmte Zeit und Häufigkeit

jetzt - *ahora*	gleich - *ahora*	spät - *tarde*
sofort - *ahora mismo*	nie - *nunca*	früher - *más temprano*
immer - *siempre*	später - *luego*	zeitig - *a tiempo*

Tageszeit

morgens - *por la mañana*	nachmittags - *por la tarde*
mittags - *al mediodía*	abends - *por la noche*
Mittags(schlaf)pause - *siesta*	nachts - *por la noche*

Tage - Días

vorgestern - *anteayer*	morgen - *mañana*
gestern - *ayer*	übermorgen - *pasado mañana*
heute - *hoy*	in ...Tagen - *en ... días*

☺ Achtung: Das unscheinbare Wörtchen "mañana" für "Morgen" wird in Spanien auch oft im Sinne von "... mit Sicherheit nicht jetzt und vielleicht auch niemals" verwendet. Achten Sie also gut auf die "Betonung" des Wortes.

Wochentage - Días de la semana

Montag - *lunes*	Mittwoch - *miércoles*
Dienstag - *martes*	Donnerstag - *jueves*

↳

Freitag - *viernes* Samstag - *sábado* Sonntag - *domingo*	Werktage - *laborales* Wochenende - *fin de semana* Feiertage - *festivos*

Die Monate - Los meses

Januar - *enero* Februar - *febrero* März - *marzo* April - *abril*	Mai - *mayo* Juni - *junio* Juli - *julio* August - *agosto*	September - *septiembre* Oktober - *octubre* November - *noviembre* Dezember - *diciembre*

Jahreszeiten und Saison - Estaciones del año y temporadas

Frühling - *primavera* Sommer - *verano* Herbst - *otoño*	Winter - *invierno* Hauptsaison - *temporada alta* Nebensaison - *temporada baja*

Allgemeine Verständigung

Sprich bitte 1/langsam, 2/deutlich 3/und ohne Akzent.
Por favor habla 1/despacio, 2/claro 3/y sin acento

Können Sie das bitte wiederholen?
¿Puede repetir?

Wie bitte?
¿Perdón?

Hör mir zu!
¡Escúchame!

1/Kannst du 2/können Sie/mir das bitte aufschreiben?
¿Por favor, 1/puedes 2/puede usted/escribírmelo?

Bitte lies hier meine 1/Frage 2/Antwort 3/Bitte.
Por favor, lee aquí mi 1/pregunta 2/respuesta 3/petición.

Tut mir leid, aber in meinem Sprachführer stehen manche Sätze nur in "Du-Form", verzeihen Sie mir also, wenn ich Sie nun so anspreche.
Perdone pero en mi manual de conversación aparecen algunas frases sólo en la forma de "tú", discúlpeme en el caso de que le hable así.

Tut mir leid, aber in meinem Sprachführer stehen manche Sätze nur in "Sie-Form", verzeih mir also, wenn ich dich nun so anspreche.
Perdone pero en mi manual de conversación aparecen algunas frases sólo en la forma de "usted", discúlpeme en el caso de que le hable así.

Gibt es diese 1/Information 2/Speisekarte/auch auf Deutsch oder Englisch?
¿Hay esta 1/información 2/carta/en alemán o en inglés?

Klingt wirklich verdammt gut, was du da sagst, aber ich verstehe kein Wort.
Suena muy bien lo que tú me dices, pero no entiendo ni una palabra.

Ich verstehe nicht, was du sprichst, aber glaube, dich trotzdem gut zu verstehen.
No entiendo lo que me dices pero creo entender a qué te refieres.

Wie nennt man das auf Spanisch?
¿Cómo se dice ésto en español?

Allgemeine Grüße, Wünsche, Verfluchungen u.Ä.

☺ Pilgerspanisch pur - das Geheimnis der Pilgergrüße

Bei dem Pilgergruß "**¡Ultreya!**" handelt es sich um ein sehr altes Wort, das nicht eindeutig der spanischen Sprache zugeordnet werden kann, sondern seinen Ursprung eher direkt im Lateinischen hat. Es bedeutet so viel wie "Immer weiter (nach Santiago)".

Das Wörtchen "Bon" im Gruß "**¡Bon camino!**" ist eigentlich nicht spanisch, sondern könnte eher dem Katalanischen oder Französischen zugeordnet werden. Vermutlich entstand der Pilgergruß durch die vielen Pilger aus Frankreich, die sich hier eines Sprachmischmasches bedienten. Wieder ein Hinweis darauf, dass der Jakobsweg eben seine eigene Sprache hat.

Die Aufmunterung "**¡Ánimo!**", die man im Deutschem mit "Nur Mut!" übersetzen könnte, ist dem spanischen Wort für Seele "ánima" sehr ähnlich. Man könnte es also auch mit "Nur Seele" übersetzen. Warum wohl?

Wundern Sie sich nicht: Das Wort "**¡adios!**", das in seiner wörtlichen Übersetzung "Zu Gott" bedeutet, wird gelegentlich auch als Begrüßung verwendet. Man will Sie also nicht loswerden, wenn man Sie so grüßt.

Los geht's! - *¡Vámonos!*	Guten Appetit! - *¡Que aproveche!*
Prost! - *¡Salud!*	Guten Weg! - *¡Bon Camino!*
Nur Mut! - *¡Ánimo!*	Guten (Vormit)tag! - *¡Buenos días!*
Gesundheit! - *¡Jesús! und ¡Salud!*	Guten Nachmittag! - *¡Buenas tardes!*
Scheiße! - *¡Mierda!*	Gute Nacht! - *¡Buenas noches!*
Verflucht! - *¡Coño!*	Viel Glück! - *¡Mucha suerte!*
Hallo! - *¡Hola!*	Hallo Hübsche/r! - *¡Hola guapa/o!*
Immer weiter - *¡Ultreya*	Auf Wiedersehen! - *¡Hasta la vista!*
Bis später! - *¡Hasta luego!*	Gute Besserung! - *¡Que te mejores!*
Nur die Ruhe! - *¡Tranquilo!*	Kein Problem! - *¡No hay problema!*

Verabredung

☞ Siehe auch Uhrzeit Seite 17

Ich will heute die/das ... besichtigen. Kommst du mit?
Hoy quiero ver el/la ... ¿Vienes?

Ich bin um ... Uhr zurück
Vuelvo a las ...

Ich kenne ein gutes Lokal.
Conozco un buen local.

Sollen wir heute Abend zusammen essen gehen?
¿Quieres que vayamos juntos a cenar?

Sollen wir uns um ... hier treffen?
¿Quieres quedar aquí a las ...?

Sollen wir uns um ... in dem Restaurant ... treffen?
Quieres que quedemos a las ... en el restaurante ...

Sollen wir unsere Freunde ... und ... fragen, ob sie mitkommen?
¿Quieres que le preguntamos a nuestros amigos ... y ... si quieren venir?

... , ... und ... kommen auch mit.
... , ... y ... también vienen.

Wir sind zu 1/zweit 2/dritt.
Somos 1/dos 2/tres.

1/Ich warte 2/Wir warten/auf ... (und ...)
1/Espero 2/esperamos/por ... (y ...)

Der Pilger und seine Ausrüstung

Pilgerspezies

☺ Bei den Bezeichnungen "**Dominguinos**" (de: Sonntagspilger) und "**Turigrinos**" (de: Buspilger) handelt es sich um "pilgerspanische" Wortschöpfungen neueren Datums. Sie setzen sich aus den spanischen Wörtern für Sonntag (*domingo*) und Pilger (*peregrino*) bzw. Tourist (*turista*) und Pilger zusammen und dienen ganz im Sinne eines friedlichen Miteinanders ausschließlich der neckischen Auseinandersetzung zwischen den Vertretern der unterschiedlichen Pilgerspezies.

Bei "**Hapegrinos**" oder "**den Kerkelings**" handelt es sich dagegen um Kosenamen für deutschstämmige *Weicheipilger*, denen eine Pilgermotivation unterstellt wird, die sich auf dem vorhergegangenen Lesen des Bestsellers von Hape Kerkeling gründet.

"**Blümchenpilger**" fallen dagegen durch langsames Gehen, Singen, ständiges Bestaunen von Blumen und ähnlich schöngeistigen Exzessen auf.

"**Echte Pilger**" (sp: peregrino auténtico/s) verleihen sich diesen Titel dagegen meist selbst. Es handelt sich hier um echte Helden und Heilige, die sich in ihrem Selbstverständnis klar gegenüber den gewöhnlichen Pilgern und allen anderen niederen Pilgerkasten abgrenzen wollen. Mit der eben genannten ehrenhaften Selbsbezeichnung bringen diese die eigene oft selbstherrliche sittliche Erhabenheit gegenüber der übrigen schlechten Welt deutlich zum Ausdruck.

Die Körperteile

☞ Siehe auch Wörterbuch Gesundheit Seite 101

Kopf - *cabeza* Haare - *pelo*	Glatze - *calva* Bart - *barba*	Gesicht - *cara* Augen - *ojos* ➪

Ohren - *oreja/s*	Arme - *brazo*	Penis - *pene*
Nase - *nariz* (f)	Hand - *mano*	Vagina - *vagina*
Mund - *boca*	Finger - *dedo*	Bein - *pierna*
Zähne - *dientes*	Bauch - *barriga*	Knie - *rodilla*
Hals - *cuello*	Rücken - *espalda*	Fuß - *pie*
Brust - *pecho*	Hüfte - *cadera*	Zeh - *dedo del pie*

Typische Pilgertätigkeiten

ankommen - *llegar*	reservieren - *reservar*
(an)rufen - *llamar*	riechen - *oler*
aufbrechen - *salir*	schauen - *mirar*
aufstehen - *levantarse*	scherzen - *bromear*
aufwachen - *despertarse*	schlafen - *dormir*
besichtigen - *visitar*	schlafen gehen - *ir a la cama*
betrinken - *emborracharse*	schnarchen - *roncar*
beten - *rezar*	schwitzen - *sudar*
duschen - *ducharse*	sehen - *ver*
einkaufen gehen - *ir de compras*	singen - *cantar*
essen - *comer*	spazieren - *pasear*
fotografieren - *fotografiar*	spielen (Musik) - *tocar*
gehen - *andar*	spielen (Spiel) - *jugar*
helfen - *ayudar*	suchen - *buscar*
hinfallen - *caerse*	träumen - *soñar*
hören - *escuchar*	trinken - *beber*
kaufen - *comprar*	trocknen - *secar*
kochen - *cocinar*	überholen - *adelantar*
küssen - *besar*	verirren - *perderse*
lachen - *reírse*	verlieben - *enamorarse*
Liebe machen - *hacer el amor*	wandern - *caminar*
nachdenken - *reflexionar*	waschen - *lavar*
pausieren - *hacer una pausa*	weinen - *llorar*
Rad fahren - *andar en bicicleta*	Witze erzählen - *contar chistes*
rennen - *correr*	Zähne putzen - *lavarse los dientes*

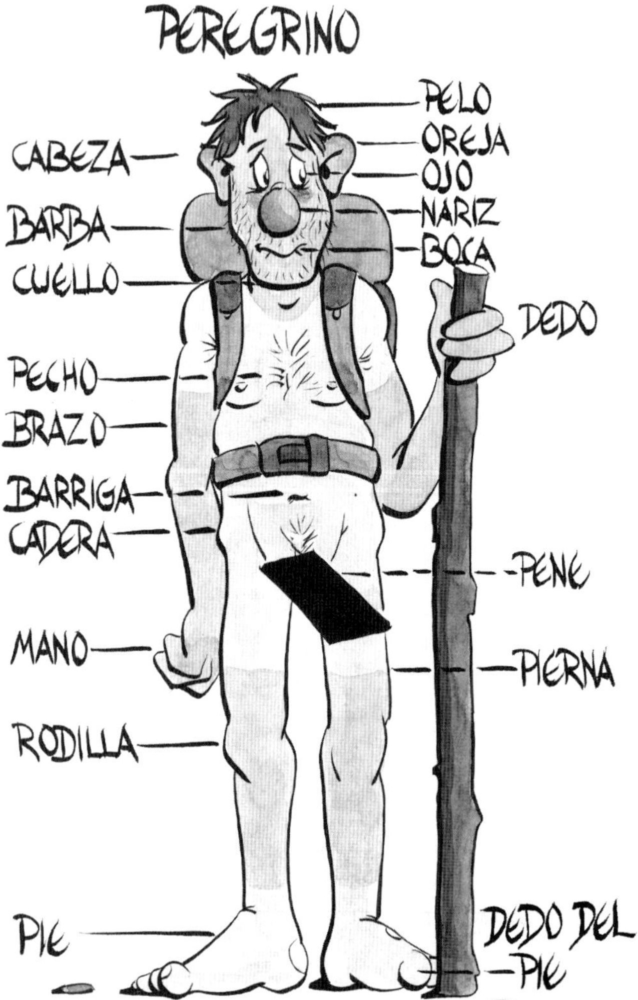
PEREGRINO
PELO
CABEZA
OREJA
OJO
BARBA
NARIZ
BOCA
CUELLO
DEDO
PECHO
BRAZO
BARRIGA
CADERA
PENE
MANO
PIERNA
RODILLA
PIE
DEDO DEL PIE

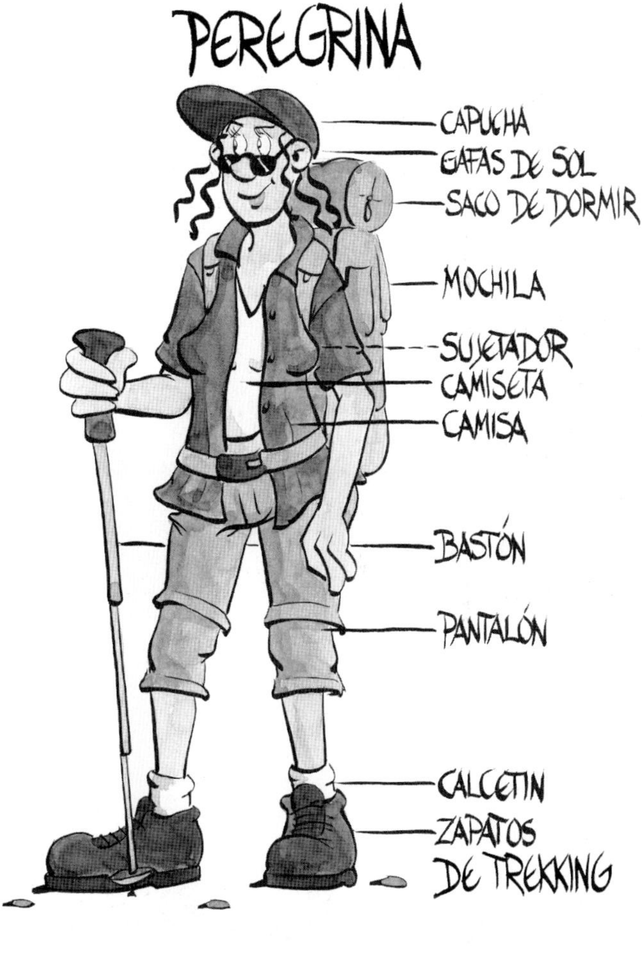
PEREGRINA
CAPUCHA
GAFAS DE SOL
SACO DE DORMIR
MOCHILA
SUJETADOR
CAMISETA
CAMISA
BASTÓN
PANTALÓN
CALCETIN
ZAPATOS
DE TREKKING

Persönlichkeitseigenschaften

☺ Beachten Sie bitte auch die Ausführungen zum Adjektiv Seite 12.

Maria ist (sehr) schön. - *María es (muy) guapa.*

Peter ist heute sehr froh. - *Pedro está hoy muy contento.*

Antonio hat eine Glatze. - *Antonio tiene una calva.*

klein - *pequeño/a*	schlau - *listo/a*
groß - *grande*	dumm - *tonto/a*
alt - *viejo/a*	sympathisch - *simpático/a*
jung - *joven*	unsympathisch - *antipático/a*
blond - *rubio/a*	freundlich - *amable*
braun(haarig) - *moreno/a*	unfreundlich - *antipático/a*
rothaarig - *de pelo rojo*	froh - *contento/a*
grauhaarig - *de pelo gris*	traurig - *triste*
dick - *gordo/a*	vernünftig - *razonable*
schlank - *delgado/a*	verrückt - *loco/a*
schön - *bonito/a*	arm - *pobre*
hässlich - *feo/a*	reich - *rico/a*
stark - *fuerte*	nass - *mojado/a*
schwach - *débil*	trocken - *seco/a*
schnell - *rápido/a*	hetero - *heterosexual*
langsam - *lento/a*	schwul - *homosexual*
schweigsam - *callado/a*	geizig - *tacaño/a*
gesprächig - *hablador/a*	großzügig - *generoso/a*

Pilgerutensilien

Transport, Schlafen und Ernährung

Rucksack - *mochila*	Gabel - *tenedor*
Tüte - *bolsa*	Messer - *cuchillo*
Zelt - *tienda*	Proviant - *provisiones*
Isomatte - *esterilla*	Trinkflasche - *cantinplora*
Schlafsack - *saco de dormir*	Trinkschlauch - *pajita*
diebstahlsichere Geldtasche - *monedero a prueba de ladrones*	
Regenschutz für Rucksack - *funda de la mochila para la lluvia*	

Bekleidung - *Ropa*

Badeanzug - *bañador*	Regenponcho - *poncho*
BH - *sujetador*	Regenschirm - *paraguas* (m)
Gürtel - *cinturón*	Socken - *calcetín*
Handschuh - *guante*	Sportschuhe - *tenis*
Hose - *pantalón*	Strohhut - *sombrero de paja*
Hut - *sombrero*	T-Shirts - *camisetas*
Kappe - *capucha*	Unterhosen - *calzoncillos*
Kleider - *ropa*	Sandalen - *sandalias*
Pulli - *jersey*	Wanderschuhe - *zapatos de trekking*
Regenjacke - *chubasquero*	Windjacke - *chaqueta de invierno*

Körperpflege - *Higiene corporal*

Damenbinden - *compresas*	Seife - *jabón*
Haarband - *cinta del pelo*	Sonnencreme - *crema solar*
Handtuch - *toalla*	WC-Papier - *papel de baño*
Kamm - *peine*	Zahnbürste - *cepillo de dientes*
Papiertaschentücher - *kleenex*	Zahnpasta - *pasta de dientes*
Nassrasierer - *cuchilla de afeitarse*	Gebiss - dentadura

Sonstiges

☞ Siehe auch Medikamente Seite 104

Taschenlampe - *linterna*	Kugelschreiber - *bolígrafo*
Wanderstab - *bastón*	Pilgerstab - *bastón de peregrino*
Schere - *tijera*	Traditioneller Pilgerstab - *Calixtus* ☞
Jakobusmuschel - *vieira*	Teleskopstöcke - *bastones telescópicos*
Brille - *gafa*	Sonnenbrille - *gafas de sol*
Kontaktlinsen - *lentillas*	Kalebasse - *calabaza* ☞
Tagebuch - *diario*	Wäscheleine - *cuerda para tender la ropa*
Kamera - *cámara*	Sicherheitsnadel - *imperdible*
Handy - *móvil*	Nähnadel - *aguja para coser*
Ladegerät - *cargador*	Faden - *hilo*
Uhr - *reloj*	Taschenmesser - *navaja*

☺ Die Wörter "**calabaza**" bzw. Kalebasse und "**Calixtus**" werden Sie gelegentlich in alten Texten wiederfinden. Es sind die traditionellen Bezeichnungen für das historische, einem Kürbis ähnliche Trinkgefäß der Pilger und den traditionellen Pilgerstab.

Papiere, Ausweise und Ähnliches

Pilgerausweis - *credencial* (f)
Wanderführer - *manual para caminar*
Sprachführer - *manual de conversación*
Versicherungskarte - *tarjeta sanitaria*
EC-Karte - *tarjeta de crédito*
Eurochecks - *eurocheque* (nicht mehr in Gebrauch)
Flugtickets - *billete de avión*
Personalausweis - *DNI*

Die An- und Abreise

☺ Auf den spanischen Flughäfen wird heute meist auch englisch und gelegentlich auch deutsch gesprochen. Bevor Sie versuchen, sich mit den wenigen hier aufgeführten Worten auf Spanisch verständlich zu machen, könne Sie es also auch auf Englisch oder Deutsch versuchen.

Wo wird das Gepäck ausgegeben?
¿Dónde puedo recoger mi equipaje?

Ich kann meinen 1/Rucksack 2/Fahrrad 3/Pilgerstab/nicht finden, wo muss ich mich melden?
No puedo encontrar mi 1/mochila 2/bici(cleta) 3/bastón de peregrino/, ¿dónde tengo que preguntar?

Wo ist die Haltestelle für die Busse in Richtung 1/Stadtzentrum 2/Busbahnhof 3/Bahnhof?
¿Dónde está la parada de autobús en dirección 1/al centro 2/a la estación de autobús 3/a la estación de tren/?

☺ Egal ob Sie mit dem Zug oder dem Bus fahren wollen, zunächst führt Sie der Weg in der Regel zur allgemeinen Information, von wo Sie dann meist weiterverwiesen werden.

Wo geht es zur allgemeinen Information?
¿Por dónde se va a un punto de información?

Wo kann ich Informationen über 1/Busverbindungen 2/Zugverbindungen/ nach ... bekommen?
¿Dónde puedo conseguir información sobre las conexiones 1/de autobús, 2/de tren/a ...?

Wann gehen 1/heute 2/morgen/Busse nach ...? Bitte schreiben Sie mir die Abfahrtszeiten auf.
¿Cuándo hay 1/hoy 2/mañana/buses a ...? Por favor apúnteme los horarios de salida.

Was kostet die einfache Fahrt?
¿Cuánto cuesta un billete de ida?

Wie lange dauert diese Fahrt?
¿Cuánto tarda el viaje?

Gibt es eine Ermäßigung für 1/Studenten 2/Rentner?
¿Hay un descuento para 1/estudiantes 2/jubilados?

Werden unterwegs Snacks und Getränke angeboten?
¿En el trayecto se puede comprar comida y bebida?

Bitte geben Sie mir eine Fahrkarte für diese Verbindung.
Por favor, déme un billete para esta conexión.

Kann ich mit meiner Kreditkarte bezahlen?
¿Puedo pagar con tarjeta (de crédito)?

Ich möchte die Reise stornieren.
Quiero cancelar el viaje.

Ich fahre per Anhalter.
Viajo haciendo autoestop.

☺ Man wird Ihnen nun die Nummer der Bushaltestelle bzw. des Bahnsteiges nennen, welche jedoch oft geändert wird und wo Sie sich auf jeden Fall schon 15 Minuten früher einfinden sollten. Auf den Tickets findet sich bei längeren Strecken meist die Nummer Ihres reservierten Sitzplatzes (sp. *asiento*).

An welcher Haltestelle fährt der Bus nach ...?
¿De qué parada sale el autobús en dirección a ...?

Von welchem Gleis fährt der Zug Richtung ...?
¿De qué andén sale el tren en dirección ...?

Ist dies hier der 1/Bus 2/Zug nach ...?
¿Es éste el 1/bus 2/tren/que va en dirección a ...?

Entschuldigung, dieser Platz gehört mir ganz alleine (Sie könne sich aber gerne auf meinen Schoß setzen).
Perdone, este sitio es sólo mio (pero de buena gana se puede sentar en mi regazo).

Ist hier noch frei?
¿Está libre?

Wie viel Verspätung haben wir?
¿Cuánto retraso tenemos?

Wann machen wir eine Pause und wie lange? (Ich muss auf die Toilette.)
¿Cuándo vamos a hacer una pausa y de cuánto tiempo? (Tengo que ir al baño.)

Besteht doch noch eine vage Chance, dass wir heute noch in ... ankommen werden? (☞ Siehe auch Kraftausdrücke Seite 21)
¿Hay la remota posibilidad, de que lleguemos todavía hoy a ..?

Bitte 1/sag mir Bescheid 2/weck mich/wenn wir in ... sind.
Por favor, 1/avíseme 2/despiérteme/cuando estemos en ...

Wo geht es hier zur 1/Herberge 2/Touristeninformation/3 zum nächsten Taxistand?
¿Por dónde se va 1/al albergue 2/al punto de información 3/a la parada de taxi/más cercana?

Bitte bring mich zu dieser Adresse.
Por favor, llévame a esta dirección.

Pilgerausweis

Wo und wann kann ich einen Pilgerausweis bekommen?
¿Dónde y cuándo puedo conseguir la credencial de peregrino?

Kann ich hier einen Pilgerausweis bekommen?
¿Puede conseguir aquí la credencial de peregrino?

☺ Der Pilgerausweis wird wie im Folgenden ausgefüllt. Dieselben Daten werden Sie nicht selten auch beim Einchecken in eine Herberge oder Pension gebrauchen.

Fecha: Datum
A favor de: Für (hier voller Name)
Dirección: Adresse
Comienza la peregrinación en: Anfang der Pilgerreise (Datum und Ort)
A pie: Zu Fuß *En bicicleta:* Per Fahrrad
A caballo: Per Pferd

Der folgende Text lautet:
"In den Kästchen rechts sollten die Stempel der verschiedenen Orte mit Datum erscheinen (mindestens einer pro Tag), um so den Verlauf Ihres Pilgerweges nachzuweisen.

Dann folgt der alte Pilgergruß "Gott und der heilige Jakobus helfe uns".

Der untere Teil "*Cumplió la Peregrinación*" wird erst im Pilgerbüro in Santiago (☞ Seite 104) ausgefüllt.

Fecha (unter den täglichen Stempeln): Datum

Letzte Seite des Pilgerausweises: Der Text auf dem offiziellen Pilgerausweis "*El Camino de Santiago es un camino de Peregrinación*" kann wie folgt übersetzt werden:

Der Jakobsweg ist ein Pilgerweg
Die Geschichte der Kirche hat uns mit dem Jakobsweg ein großes Erbe des Glaubens und der Frömmigkeit vermacht. Als Antwort darauf muss die Kirche dieses Erbe deshalb auch im Sinne ihrer pastoralen Verantwortlichkeit bewahren.

(Die Bischöfe des Jakobsweges)

Der Jakobsweg war über die Jahrhunderte hinweg ein Weg der Bekehrung und ein besonderes Glaubenszeugnis.

(Papst Johannes Paul II zur Jugend 1989 auf dem Weltjugendtag in Santiago)

Vorstellung

Hallo, ich heiße ...
Hola, me llamo ...

Wie heißt du?
¿Cómo te llamas?

Wie heißen Sie?
¿Cómo se llama usted?

Wie geht's?
¿Qué tal estás?

Mir geht es 1/gut 2/schlecht 3/so lala 4/blendend 5/beschissen (gefickt).
Me va 1/bien 2/mal 3/así así 4/estupendamente 5/Estoy jodido/a.

Ich bin 1/Deutscher 2/Österreicher 3/Schweizer. (Ich wohne nahe ...).
Soy 1/alemán 2/austríaco 3/suizo. (Vivo cerca de ...)

Wo 1/bist du 2/sind Sie her?
¿De dónde 1/eres 2/es usted?

Wir Deutschen sind voll o.k.!
¡Los alemanes somos buena gente!

Spanien ist ein wunderbares Land!
¡España es un país muy bonito!

Ich mag die Spanier, weil sie so gastfreundlich sind.
Me gustan los españoles por su hospitalidad.

1/Herr 2/Frau
1/Señor 2/Señora

Können wir uns duzen?
¿Podemos "tutearnos"?

Ich bin 1/Student 2/Rentner.
Soy 1/estudiante 2/jubilado.

Und du?
¿Y tú?

Ich verbringe hier 1/meine Semesterferien 2/meinen Urlaub.
Estoy pasando 1/mis vacaciones semestrales 2/mis vacaciones.

Ich bin ... Jahre alt. (Wie alt bist du?)
Tengo ... años. (¿Cuántos años tienes tú?)

Ich bin in ... gestartet und seit ... Tagen unterwegs.
He empezado en ... y llevo ... días caminando.

Ich bin 1/zu Fuß 2/mit dem Rad 3/mit einer Reisegruppe/unterwegs.
Estoy de camino 1/a pie 2/con la bicicleta 3/con un grupo.

Ich bin das 1/erste 2/zweite 3/dritte Mal auf dem Jakobsweg unterwegs.
Es la 1/primera 2/segunda 3/tercera vez que hago el camino.

Ich möchte in ... Tagen bis ... pilgern.
En ... días quiero peregrinar hasta ...

Mein Flug geht am ...
Mi vuelo sale el ...

Ich bin 1/Singel 2/verheiratet 3/geschieden 4/verwitwet.
Estoy 1/soltero 2/casado 3/divorciado 4/viudo.

Ich habe 1/einen Freund 2/eine Freundin.
Tengo 1/novio 2/novia.

Ich laufe mit meinen Freunden.
Camino con mis amigos.

Dies ist mein/meine ...
Este es mi ...

1/dein(e) 2/ihr(e)/Ihr(e)/sein(e)/mein(e) 3/euer(e) 4/unser (e)
1/tu 2/su 3/nuestra 4/vuestra

☺ Das Wort für ihr(e), Ihr(e), sein(e), mein(e) besitzt tatsächlich die gleiche Grundform. Allerdings wird bei allen oben genannten Wörtern bei der Mehrzahl ein "s" angehängt. So z.B. bei folgenden:

Beziehungs- und Verwandtschaftsformen

Begleiter/in - el/la acompañante	Ehemann - *marido*
Kumpan/in - *compañero/a*	Ehefrau - *esposa*
Freund/in - *amigo/a*	Bruder/Schwester- *hermano/a*
Feste/r Freund/in- *novio/a*	Vater - *padre*
Ehepaar - *matrimonio*	Mutter - *madre* (f)
Familie - *familia*	Sohn/Tochter - *hijo/a*

Auf dem Weg

Tätigkeiten auf dem Weg

☞ Siehe auch Typische Pilgertätigkeiten Seite 23

Wetter

Hast du den Wetterbericht gesehen?
¿Has visto la previsión 1/del tiempo 2/meteorológica?

Hast du eine Zeitung mit dem Wetterbericht?
¿Tienes un periódico con la previsión meteorológica?

Wie soll das Wetter 1/heute 2/morgen 3/in den nächsten Tagen/werden?
¿Qué tiempo vamos a tener 1/hoy 2/mañana 3/en los próximos días?

Scheiß Wetter!
¡Mierda de tiempo!

Ich schwitze wie eine Sau!
¡Estoy sudando como un cerdo!

Bei so einem Wetter jagt man doch keinen Hund und schon gar keinen Pilger vor die Tür.
Con éste tiempo no se hecha a ningún perro y menos aun a un peregrino a la calle.

Jane Dastig

Eis - *hielo*	Sonne - *sol*
Frost - *helada*	Sturm - *tormenta*
Nässe - *humedad* (f)	Schwüle - *calor sofocante*
Nebel - *niebla*	Temperatur - *temperatura*
Regen - *lluvia*	Unwetter - *tormenta*
Schatten - *sombra*	Wetter - *tiempo*
Schauer - *chubasco*	Wind - *viento*
Schnee - *nieve* (f)	Wolken - *nubes*

Wegbeschreibung

☺ Nur in seltenen Fällen sind die gut gemeinten ausführlichen Wegbeschreibungen von Spaniern für Westeuropäer sprachlich und auch sinngemäß nachvollziehbar. Meistens tun Sie deshalb gut daran, die hilfsbereiten Spanier sofort in ihrem Eifer zu bremsen, Ihnen am liebsten gleich den ganzen Weg nach Santiago zu beschreiben. Fragen Sie vorsorglich besser gleich, wie unten beschrieben, lediglich nach der Richtung, in die Sie als nächstes gehen sollen, und nicht nach dem Weg. Wiederholen Sie diese Frage dann alle paar Meter, bis Sie so schließlich Ihr Ziel erreicht haben.

Wie heißt dieses Dorf?
¿Cómo se llama éste pueblo?

Wo bin ich hier?
¿Dónde estoy?

In welche Richtung geht es 1/auf dem Jakobsweg weiter 2/nach ...?
¿Por dónde 1/va el camino 2/se va hacia ...?

Wo verläuft hier der Jakobsweg
¿Por dónde pasa el camino?

Wo geht es hier zur/zum ...?
¿Por dónde se va a/al ...?

Ich habe mich verlaufen, wie komme ich zurück zum Jakobsweg?
Me he perdido, ¿cómo vuelvo al camino?

Wo ist der nächste gelbe Pfeil?
¿Dónde está la siguiente flecha amarilla?

Wie weit ist es nach ...?
¿Cuánto queda hasta ...?

1/Etwa 2/Mehr oder weniger ...
1/Sobre 2/Más o menos ...

¿POR DÓNDE PASA EL CAMINO?

Wo befindet sich die nächste/1 Bar/2 Herberge?
¿Dónde se encuentra 1/el próximo bar 2/el próximo albergue?

Ist der Weg 1/steil 2/passierbar 3/schwierig 4/gekennzeichnet?
¿El camino 1/es empinado 2/es transitable 3/es difícil 4/está señalizado?

Wo befindet sich auf dieser Karte der/die ...?
¿Dónde se encuentra en este mapa el/la ...?

Welches ist der 1/kürzeste 2/schönste 3/sicherste/Weg?
¿Cuál es el camino más 1/corto 2/bonito 3/seguro?

Wo verläuft der 1/Umweg nach ... 2 Hauptweg?
¿Por dónde pasa el 1/desvío hacia ... 2/camino principal?

Welchen Weg empfiehlst du mir?
¿Qué camino me recomiendas?

Wo befindet sich eine Haltestelle für Busse in Richtung ...?
¿Dónde se encuentra una parada de autobuses en dirección ...?

Entschuldigung, ich habe 1/gesundheitliche Probleme/2 Angst/3 die Schnauze voll/kannst du mich ein Stück in Richtung ... mitnehmen?
Perdone, 1/tengo un problema de salud 2/tengo miedo 3/estoy harto/me puedes llevar un poco en dirección ...?

Bitte ruf mir ein Taxi, ich brauche einen Transport nach ...
Por favor, llámame un taxi, necesito un transporte para llegar a ...

Wo finde ich jemanden, der die 1/Kirche 2/Herberge/öffnen kann, oder wo bekomme ich den Schlüssel dafür?
¿Dónde puedo encontrar a alguien que me pueda abrir 1/la iglesia 2/el albergue/, o dónde puedo conseguir las llaves?

Vielen Dank für die Auskunft. 1/Du bist 2/Sie sind/ein Pilgerschutzengel.
Muchas gracias por la información. 1/Eres 2/Usted es/un ángel de la guarda para los peregrinos.

Richtungen, Entfernungen, Orientierungspunkte und Ziele auf dem Weg

Richtungen, Orts und Entfernungsangaben

nach links - *a la izquierda*	hoch - *alto*
nach rechts - *a la derecha*	tief - *profundo*
geradeaus - *todo recto*	neben - *al lado*
weiter - *siga*	gegenüber - *en frente*
bergauf - *suba a la montaña*	weit - *lejos*
bergab - *baje la montaña*	nah - *cerca*
steil - *empinado*	zwischen - *entre*
eben - *llano*	um (herum) - *alrededor*

Gebäude - Edificios

Apotheke - *farmacia*	Ortszentrum - *centro*
Bar - *bar*	Palast - *palacio*
Bauernhaus - *granja*	Pension - *pensión* (f)
Burg - *castillo*	Pfarrhaus - *casa del cura*
Einsiedelei - *ermita*	Platz - *sitio*
Feuerwehr - *bomberos*	Polizei - *policía*
Gebäude - *edificio*	Rathaus - *ayuntamiento*
Haus - *casa*	Restaurant - *restaurante*
Herberge - *albergue*	Schloss - *castillo*
Hotel - *hotel*	Schuster - *zapatero*
Internetcafé - *ciber*	Schwimmbad - *piscina*
Kapelle - *capilla*	Seniorentreff - *casa de pensionistas*
Kathedrale - *catedral* (f)	Sportzentrum - *polideportivo*
Kirche - *iglesia*	Tabakladen - *estanco*
Kloster - *convento*	Touristeninfo - *información de turismo*

Orientierung, Plätze und Infrastruktur

Pfeil (gelb) - *flecha (amarilla)*	Treppe - *escalera*
Monolith - *monolito*	Tor - *portal*
	Tunnel - *túnel*
Nord - *norte*	Brücke - *puente*
Süd - *sur*	Personenfähre - *ferry*
Ost - *este*	Bahngleis - *vía del tren*
West - *oeste*	
	Provinz - *provincia*
Stadt - *ciudad* (f)	Grenze - *frontera*
Dorf - *pueblo*	Mauer - *pared* (f)
Stadtviertel - *barrio*	Zaun - *valla*
Industriegebiet - *zona industrial*	
	Weg - *camino*
Platz - *sitio*	Pfad - *sendero*
Park - *parque*	Brunnen - *fuente* (f)
Hauptplatz - *plaza mayor*	Landstraße - *carretera general*
Zentrum - *centro*	Ortsstraße - *calle* (f)
	Autobahn - *autopista*
Kreuz(ung) - *cruce*	Abkürzung - *atajo*
Ampel - *semáforo*	Umweg - *desvío*

Natur und Landschaft

Sonne - *sol*	Wiese - *pradera*
Mond - *luna*	Berg - *montaña*
Sterne - *estrellas*	Hochebene - *meseta*
Himmel - *cielo*	Hochland - *meseta*
Schatten - *sombra*	Anhöhe - *colina*
Quelle - *manantial*	Tal - *barranco/valle*
Fluss - *río*	Allee - *paseo*
Bach - *riachuelo*	Ebene - *llanura*
See - *mar/lago*	Meer - *mar*
Baum - *árbol*	Bucht - *bahía*
Wald - *bosque*	Strand - *playa*

Dinge, Tiere und Pflanzen

Steine - *piedra*	Frosch - *rana*
Felsen - *roca*	Biene - *abeja*
Schlamm - *barro*	Pferd - *caballo*
Sand - *arena*	Fuchs - *zorro*
	Wolf - *lobo*
Hund - *perro*	
Katze - *gato*	Baum - *árbol*
Kuh - *vaca*	Eukalyptus - *eucalipto*
Stier - *toro*	Eiche - *roble*
Fliegen - *moscas*	Blume - *flor* (f)
Mücken - *mosquitos*	Brombeerstrauch - *zarza*
Vogel - *pájaro*	Feigenbaum - *higuera*
Schmetterling - *mariposa*	Zysterose - *cistácea*
Schlange - *serpiente* (f)	Kräuter - *hierbas*

Problem, Gefahren und Verbote

☞ Siehe auch Wetter Seite 34

Gefahr - *peligro*	Auto - *coche*
Bauarbeiten - *obras*	Lastwagen - *camión*
Umweg - *desvío*	Bettler - *mendigo*
Waldbrand - *incendio*	Dieb - *ladrón*

Exhibitionist - *exhibicionista*	Baden verboten - *prohibido bañarse*
Unkontroll. Wasser - *agua no controlada*	Privatgrund - *propiedad privada* (f)
Kein Trinkwasser - *agua no potable*	Jagdgrund - *coto privado de caza*
Durchgang verboten - *prohibido el paso*	Überschwemmung - *inundación* (f)

Szenen auf dem Weg

Von wo kommst du heute?
¿De dónde vienes hoy?

Bis wohin gehst du heute?
¿Hasta dónde vas hoy?

In welcher Herberge wirst du übernachten?
¿En qué albergue vas a dormir?

Sollen wir ein Stück weit zusammen gehen?
¿Quieres que andemos un trozo juntos?

Du läufst mir etwas zu 1/schnell 2/langsam.
Caminas demasiado 1/rápido 2/despacio.

Gibt es Stempel?
¿Hay sello?

Ich sterbe vor Durst! Hast du bitte einen Schluck Wasser für mich?
¡Me muero de sed! Por favor, ¿me puedes dar un trago de agua?

1/Könntest du 2/könnten Sie/mir bitte die Flasche mit Wasser füllen?
¿1/Puedes 2/Podría rellenarme una botella con agua?

Sollen wir 1/etwas Pause machen 2/eine Bar suchen?
¿Quieres que 1/hagamos una pausa 2/busquemos un bar?

Was willst du? (Ich lade dich ein.)
¿Qué quieres? (Yo te invito.)

Gehen wir weiter?
¿Seguimos?

So ein schöner Ort!
¡Qué sitio más bonito!

Welch schöne 1/Landschaft 2/Aussicht 3/Natur!
¡Qué 1/paisaje 2/vista/naturaleza/más bonita!

1/Tu deinen 2/tun Sie Ihren/Hund weg!
¡Quita a tu perro ! ¡2/Quite a su perro!

So ein Abenteuer!
¡Qué aventura!

Wie weit sollen wir (heute) noch gehen?
¿Cuánto vamos a andar todavía (hoy)?

Geh voraus!
Vete delante

Ich gehe voraus. Wir treffen uns in ...
Voy tirando para adelante. Nos vemos en ...

Wir treffen uns 1/in der nächsten Bar 2/im nächsten Ort.
Nos vemos 1/en el próximo bar 2/en el próximo pueblo.

Habt ihr 2/meinen Freund ... aus .../2 meine Tochter/gesehen?
¿Habeis visto 1/a mi amigo ... de ... 2/a mi hija?

Hast du ... wieder gefunden?
¿Has encontrado de nuevo a ...?

Wo hast du gesteckt?
¿Dónde te habías metido?

Kannst du mir deine Handy-Nr. geben? (Für den Fall, dass wir uns verlieren.)
¿Me puedes dar tu número de móvil? (Por si nos perdemos.)

Mein Rucksack ist so schwer.
Mi mochila pesa mucho.

Ich 1/kann 2/will nicht mehr.
No 1/puedo 2/quiero más.

Ich habe heute niemanden auf dem Weg gesehen.
Hoy no he visto a nadie en el camino.

Pilgertalk

☞ Siehe auch Allgemeine Verständigung ab Seite 19, Vorstellung Seite 32 und In Santiago Seite 104

Durch die Blume und mit dem Zaunpfahl

Sollen wir morgen zusammen aufbrechen?
¿Quieres que salgamos juntos mañana?

Sollen wir morgen ein bisschen zusammen laufen?
¿Quieres que andemos mañana un trozo juntos?

Könntest du mich ein Stück weit begleiten? (Ich habe Angst.)
¿Me puedes acompañar un poco? (Tengo miedo.)

Eigentlich will ich den Weg alleine machen, aber ein 1/Stück weit 2/einige Tage/können wir schon zusammen gehen.
En realidad quiero hacer el camino solo, pero 1/un trozo 2/unos días/sí que podemos andar juntos.

Entschuldige, ich suche die Einsamkeit, sonst würde ich schon mit dir gehen.
Perdona, busco la soledad, si no iría contigo de buena gana.

Entschuldigung, wir wollten mal endlich Zeit für uns haben und wollen lieber (eine Zeit lang) alleine sein.
Perdona pero queríamos tener algo de tiempo para nosotros y preferimos estar solos (por un tiempo).

Ich habe die Zeit mit 1/dir 2/euch/sehr genossen, aber nun brauche ich Zeit für mich.
Me lo he pasado muy bien el tiempo que he estado 1/contigo 2/con vosotros/pero ahora necesito tiempo para mí.

Ich freue mich immer sehr, wenn ich 1/dich 2/euch/auf dem Weg treffe.
Me alegro mucho, cuando 1/te 2/os encuentro en el camino.

Freundschaft und Liebe

Ich gehe so gerne mit dir.
Me gusta mucho ir contigo.

Du bist ein 1/Engel 2/Geschenk Gottes.
Eres un 1/ángel 2/regalo de Dios.

Ich würde mich freuen, wenn wir noch 1/weiter 2/bis Santiago zusammenbleiben können.
Me gustaría, si pudieramos 1/continuar 2/llegar juntos hasta Santiago.

Du bist das Wunderbarste, das mir auf dem Weg begegnet ist.
Eres lo más maravilloso que me he encontrado en el camino.

Mit dir durch die Welt zu gehen, bedeutet für mich ein neues Leben.
Ir por el mundo contigo es para mí una vida nueva.

Ich liebe dich!
¡Te quiero!

Du bist mein Held.
Eres mi héroe.

Sollen wir in eine Pension gehen?
¿Quieres que vayamos juntos a una pensión?

Ich kann nicht mehr widerstehen.
No puedo resistirlo más.

Nur mit Kondom.
Sólo con condón.

Ich will nie den Tag erleben, wo sich unsere Wege trennen.
No quiero que llegue el día en el que nuestros caminos se separen.

Körbe und verbale Abwehr

Du bist für mich 1/ein Freund 2/eine Freundin/und nicht mehr.
Sólo eres para mi 1/un amigo 2/una amiga/y nada más.

Ich brauche jetzt etwas Abstand von dir.
Necesito distanciarme algo de ti.

Ich hab ehrlich nichts gegen dich, aber irgendwie kann ich nicht mit dir.
No tengo nada legítimo contra ti, pero de alguna manera no puedo contigo.

☺ **(Sexuelle) Belästigung**. Sollten Sie von einer fremden Person belästigt werden, so wird es Ihnen meist nicht weiterhelfen, dieser auf die "feine englische Art" einen Laufpass zu geben. In Spanisch ist es in solchen Situationen üblich, sich sehr schnell einer körperlichen und verbalen Sprache zu bedienen, die unmissverständlich zum Ausdruck bringt, dass weitere Annäherungsversuche nicht erwünscht sind. Folgende Redensarten können Ihnen hier weiterhelfen.

Das geht 1/dich 2/Sie/nichts an.
Esto no es de 1/tu 2/su/incunbencia.

Lass mich in Ruhe, du Nervensäge!
Déjame en paz, ¡pesado!

Da hinten kommt gleich mein Freund.
Ahí atrás viene mi novio.

Fick dich selber! (Ich habe Aids.)
¡Móntatelo sólo! (Tengo sida.)

Fass mich nicht an!
¡No me toques!

Hier ist mein Handy, hier ist meine Kamera und das da ist mein schlaues Buch, das mir genau erklärt, wie man ein Arschloch wie dich bei der Polizei wegen sexueller Belästigung anzeigt. Ich meine es ernst!
Aquí tengo mi móvil, la cámara de fotos y mi guía de ayuda que me explica a la perfección como se denuncia a un gilipollas como tu por acoso sexual. ¡Lo digo muy en serio!

Touristeninformation, Information, Reservierung und Beschwerde

☺ Wenngleich Sie in den Touristeninformationen, Museen u.Ä. in größeren Städten gelegentlich jüngere Ansprechpartner finden, die englisch oder sogar deutsch sprechen, wird in Spanien auch heute im Bereich des Fremdenverkehrs nicht selten der Gebrauch einer Fremdsprache abgelehnt. Folgende Sätze und Ausdrücke könnten Ihnen daher behilflich sein.

Information

Fragen zu den Öffnungszeiten ☞ Seite 17
Fragen nach dem Weg ☞ Seite 36
Reservierung ☞ Seite 48
Empfehlung für Gastronomie ☞ S. 63
Empfehlung für Unterkunft ☞ S. 46

1/Haben Sie 2/hast du einen Stadtplan für mich?
¿1/Tiene 2/Tienes un mapa para mi?

Welche/s 1/Dinge 2/Stadtviertel 3/Kirche 4/Museen/sollte ich anschauen?
¿Qué 1/cosas 2/barrio 3/iglesia 4/museo /debería visitar?

Könnten Sie mir das bitte im Stadtplan zeigen oder einzeichnen?
¿Puede enseñarme o marcarme ésto en el mapa?

Könnten Sie uns den 1/Jakobsweg 2/den Weg dorthin/einzeichnen?
¿Puede señalarnos 1/el camino de Santiago 2/el camino hacia allí?

Was kostet der Eintritt?
¿Cuánto cuesta la entrada?

Wann ist der Eintritt kostenlos?
¿Cuándo es gratuita la entrada?

Gibt es eine Ermäßigung für 1/Pilger 2/Studenten 3/Rentner?
¿Hay un descuento para 1/peregrinos 2/estudiantes 3/jubilados?

Haben Sie einen (deutschsprachigen) Prospekt hierzu?
¿Tiene un prospecto (en alemán) para ésto?

Wo und wie kann ich weitere Informationen dazu bekommen?
¿Dónde y cómo puedo conseguir más información sobre ésto?

Suche nach einer Unterkunft

☞ Siehe auch Wegbeschreibung Seite 36 und Empfang Seite 51

Ist die Herberge in ... geöffnet?
¿Está abierto el albergue en ...?

1/ja 2/nein 3/vielleicht 4/keine Ahnung
1/si 2/no 3/3/a lo mejor 4/ni idea

Können Sie hier ein 1/günstiges 2/gutes 3/einfaches ... empfehlen?
¿Me puede recomendar aquí un ... 1/barato 2/bueno 3/sencillo?

Welche ... empfehlen Sie mir?
¿Qué ... me recomienda usted?

Welches ist die beste ...?
¿Cuál es el mejor ...?

Welches ist die billigste 1/Herberge 2/Pension 3/Hotel?
¿Cuál es 1/el albergue 2/la pensión 3/el hotel/más barato/a?

Ist diese 1/Herberge, 2/Pension 3/Hotel/sauber?
¿Este 1/albergue 2/pensión 3/hotel/está limpio/a?

Nehme die auch Hunde auf?
¿También admiten perros?

Haben die einen Stall für Pferde?
¿Tienen una cuadra para caballos?

Kann man dort auch 1/frühstücken 2/und abendessen?
¿Se puede allí también 1/desayunar 2/y cenar?

Was kostet die einfache Übernachtung für 1/eine Person 2/zwei Personen?
¿Cuánto cuesta sólo el alojamiento para 1/una persona 2/dos personas?

Was kostet die 1/Übernachtung mit Frühstück 2/Halbpension/pro Person?
¿Cuánto cuesta 1/el alojamiento con desayuno 2/la media pensión/por persona?

Ist das Haus behindertengerecht?
¿Esta casa está adaptada para gente discapacitada?

Arbeitet diese Haus wirklich auf legaler Basis?
¿Es legal éste alojamiento?

Entschuldigen Sie die peinliche Frage, aber ich bin fremd: Handelt es sich bei diesem Haus zufällig um ein Bordell?
Perdone por la bochornosa pregunta, pero soy extranjero: ¿Es esta casa por casualidad un burdel?

Art der Unterbringung

Bonzenhotel - *Parador*	Pilgerherb. - *albergue de peregrinos*
Hotel - *hotel*	Touristenherb. - *albergue turístico*
kleines Hotel - *motel*	private Herberge - *albergue privado*
Gasthaus - *hostal*	Jugendherberge - *albergue juvenil*
trad. Landhaus - *casa rural*	Kloster- (Herberge) - *monasterio*
Pension - *pensión*	kirchl. Herb. - *albergue parroquial*
Beherbergung - *hospedaje*	öffentl. Herb. - *albergue municipal*
Exerzitienhaus - *hospederia*	Notunterkunft - *refugio*
Herberge (herb.) - *albergue*	Zeltplatz - *camping*

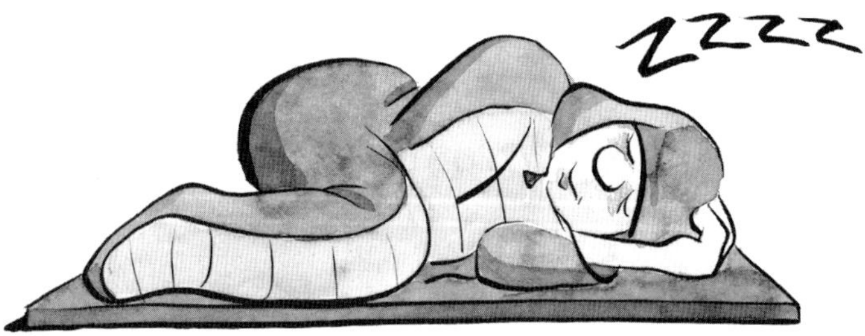

Reservierung

☺ Telefonische Reservierungen sind schon allein augrund der verminderten Sprachqualität durch das Telefon manchmal nicht einfach. Evtl. können Sie diese aber auch durch eine Touristeninformation oder einen spanischen Pilgerfreund für sich vornehmen lassen. Evtl. ist es besser, Sie schreiben sich den jeweils persönlich notwendigen Satz zur Tätigung der persönlichen Reservierung noch mal auf ein gesondertes Blatt, um so den Text sicherer und schneller ablesen zu können. In öffentlichen und kirchlichen Herbergen sind Reservierungen meist nur in Ausnahmefällen wie Krankheit und Alter möglich.

Könnten Sie mir bei der Reservierung behilflich sein und dort anrufen?
¿Me puede ayudar llamando allí para reservar?

Wir kommen gerne für die entstandenen Telefonkosten auf.
Nosotros asumimos los gastos de la llamada.

Ist dies die Herberge ... in ...?
¿Es éste el albergue ... en ...?

Ich möchte für heute ... Bett(en) reservieren. Ist das möglich?
Quiero reservar para hoy ... cama/s. ¿Es posible?

Ich möchte für 1/morgen 2/den ... , ... Bett(en) reservieren.
Quiero reservar para 1/mañana 2/el día ..., ... cama/s.

Ich bin 1/krank 2/Rentner. Kann ich ausnahmsweise reservieren?
Estoy 1/enfermo 2/jubilado. ¿Puede hacer una excepción y reservar?

Ich möchte ein Zimmer für eine Person mit 1/eigenem Badezimmer 2/Badezimmer auf dem Gang/reservieren.
Quiero reservar una habitación para una persona con 1/baño propio 2/baño compartido.

Ich möchte ein Zimmer für zwei Personen mit Doppelbett und 1/eigenem Badezimmer 2/Badezimmer auf dem Gang/reservieren.
Quiero reservar una habitación para dos personas con cama de matrimonio y 1/baño propio 2/baño compartido.

Ich möchte ein Zimmer für zwei Personen mit getrennten Betten und 1/eigenem Badezimmer 2/Badezimmer auf dem Gang/reservieren
Quiero reservar una habitación para dos personas con camas separadas y 1/baño propio 2/baño compartido.

Ich möchte ein (oder mehrere) Zimmer für ... Personen mit getrennten Betten und 1/eigenem Badez. 2/Badez. auf dem Gang/reservieren.
Quiero reservar una habitación (o varias) para ... personas con camas separadas y 1/baño propio 2/baño compartido.

Die Reservierung geht auf den Namen ...
La reserva se hace a nombre de ...

Wo befindet sich 1/die Pension 2/das Hotel?
¿Dónde se encuentra 1/la pensión 2/el hotel?

Wir werden erst 1/spät 2/um ca. ... Uhr/ankommen
Llegaremos 1/tarde 2/sobre las ... horas.

Vielen Dank! Bis später!
¡Muchas gracias! ¡Hasta luego!

Ordnungsbeschwerde

Ich will mich über ... beschweren.
Quiero quejarme sobre ...

Haben Sie bitte ein Beschwerdeformular für mich?
¿Tienen hojas de reclamaciones?

Bitte helfen Sie mir beim Ausfüllen!
¡Por favor ayúdeme a rellenarlo!

Kann ich auch auf Deutsch (oder Englisch) schreiben?
¿Puede escribir en alemán (o en inglés)?

Bitte rufen Sie die deutschsprachige Hotline der Polizei an.
Por favor llame al número de atención telefónica en alemán de la policía.

Bitte geben Sie uns eine Kopie der Beschwerde mit.
Por favor dénos una copia de la hoja de reclamaciones.

Lob und Schelte

Danke für Ihre freundliche und kompetente Beratung und Hilfe.
Muchas gracias por su acojedor asesoramiento y por la ayuda.

Sie haben uns sehr geholfen und deswegen werden wir noch heute alle 100 Pilger, die in unserer Herberge sind, zu Ihnen schicken.
Nos ha ayudado mucho y por eso vamos a mandar todavía hoy a los 100 peregrinos que están en nuestro albergue junto a usted.

Warum wissen Sie das nicht? Ich bin doch hier in der Touristeninformation oder? Rufen Sie doch an und fragen Sie!
¿Por qué no sabe eso? ¿No es ésto el punto de información? ¡Llame y pregunte!

Warum arbeiten Sie hier, wenn Sie weder Ahnung noch Lust haben?
¿Por qué trabaja aquí, si no tiene ni idea ni ganas?

In der Unterkunft

☞ Siehe auch Reservierung und Art der Unterkunft Seite 48

Ankunft

Ich bin kaputt (Staub).
Estoy hecho polvo.

Ich bin fix und fertig (gefickt).
Estoy jodido.

Diese Herberge 1/wird empfohlen 2/ist die billigste.
Este albergue 1/está recomendado 2/es el más barato.

Sollen wir hier übernachten?
¿Quieres que nos quedemos aquí a dormir?

Das ist mir zu teuer.
Esto se me hace demasiado caro.

Diese gefällt mir nicht.
Esto no me gusta.

Ich gehe (heute) keinen Schritt mehr weiter.
(Hoy) No doy un paso más.

Empfang

Wo ist der 1/Herbergsvater 2/Pfarrer 3/Bürgermeister 4/Gemeindediener?
¿Dónde está 1/el hospitalero 2/el cura del pueblo 3/el alcalde 4/el alguacil?

Bist du hier 1/der Herbergsvater 2/die Herbergsmutter?
¿Eres 1/el hospitalero 2/la hospitalera?

Ist noch Platz?
¿Aún hay sitio?

Haben Sie noch Betten frei?
¿Aún tiene camas libres?

Die Herberge ist 1/voll 2/leer.
El albergue está 1/completo 2/vacío.

Gestopft voll!
COMPLETO!

Bitte hast du nur einen Schluck Wasser?
Por favor, ¿me puedes dar un trago de agua?

Ich habe auf den Namen ... reserviert.
He reservado a nombre de ...

Habt ihr noch Platz für 1/eine Person 2/... Personen?
¿Aún tenéis sitio libre para 1/una persona 2/... personas?

Du kannst uns nicht weiterschicken, wir sind heute schon ... km gelaufen.
No nos puedes decir que continuemos, hoy ya hemos andado ... kilómetros.

Hab Erbarmen, 1/ich bin 2/sie ist 3/er ist/wirklich krank!
¡Tenga compasión 1/estoy 2/ella está 3/él está/realmente enfermo!

1/Wir haben Isomatten dabei (und) 2/Wir können notfalls auch in der Badewanne übernachten.
1/Tenemos esterillas (y) 2/En caso de emergencia también podemos dormir en la bañera.

Was kostet die einfache Übernachtung?
¿Cuánto cuesta sólo el alojamiento?

Bietet ihr 1/Abendessen 2/Frühstück 3/Massagen an?
¿Ofrecéis 1/cena/s 2/desayuno/s 3/masajes?

Was kostet 1/Abendessen 1/Frühstück?
¿Cuánto cuesta 1/la cena 2/el desayuno?

Ist die Herberge mit ... ausgestattet?
¿El albergue tiene ...?

Was kostet die Benuzung 1/der Waschmaschine 2/und des Wäschetrockners?
¿Cuánto cuesta el uso de la 1/lavadora 2/y la secadora?

Habt ihr hier eine Heizung (in den Schlafräumen)?
¿Tenéis calefacción (en los dormitorios)?

Habt ihr hier nach Geschlecht getrennte Baderäume?
¿Tenéis aquí baños separados para hombres y mujeres?

Wann schließt die Herberge?
¿Cuándo cierra el albergue?

Wann müssen wir morgen früh die Herberge verlassen?
¿A qué hora tenemos que salir del albergue?

Kann ich die Herberge vorher anschauen?
¿Puedo ver primero el albergue?

Wird im Hause eine Andacht oder Meditation angeboten?
¿En la casa se ofrece oración o meditación?

Kann ich das Zahlen und die Formalitäten 1/sofort 2/später/erledigen? (Ich bin sehr müde.)
¿Puedo pagar ésto y solucionar las formalidades 1/ahora mismo 2/después? (Tengo mucho sueño.)

Ich habe meinen Pilgerausweis verloren, aber wenn du mir nicht glaubst, dass ich ein Pilger bin, kann ich dir gerne meine Fußblasen zeigen.
He perdido mi credencial de peregrino, pero si no me crees que soy un peregrino te puedo enseñar mis ampollas.

Bitte den Pilgerausweis abstempeln!
¡Por favor séllame!

(Stop!) Bitte den Stempel genau hierhin.
(¡Alto!) Por favor ponga el sello exactamente aquí.

(Mein Bett! Mein Bett!) Wo ist mein Bett?
(¡Mi cama! ¡Mi cama!) ¿Dónde está mi cama?

Der Herbergsalltag

☞ Siehe auch Wortschatz zur Herberge Seite 62

Im Schlafsaal

Ist dieses Bett noch frei?
¿Esta cama está aún libre?

Nein, das ist meine Bett.
No, ésta es mi cama.

Schnarchst du?
¿Roncas?

Könnten wir bitte die Betten tauschen?
Por favor, ¿podemos cambiar las camas?

Ich möchte bitte ein anderes Bett (in einem anderen Schlafsaal).
Por favor, quiero otra cama (en otra habitación).

Ich bräuchte unbedingt ein Bett in der unteren Etage, (da ich nicht schwindelfrei bin).
Necesito a toda costa una cama en la litera de abajo, (me mareo con facilidad).

Ich bräuchte unbedingt ein Bett in der oberen Etage, (da ich mir sonst nachts immer den Kopf anhaue und laut aufschreie).
Necesito a toda costa una cama en la litera de arriba, (por que sino me golpeo la cabeza por las noches y grito).

Im Schlafsaal gibt es 1/Flöhe 2/Läuse 3/Wanzen 4/Mäuse 5/Schimmel.
En el dormitorio hay 1/pulgas 2/garrapatas 3/chinches 4/ratones 5/moho.

Im 1/Schlafsaal 2/Zimmer /stinkt es (nach Zigaretten).
En 1/el dormitorio 2/la habitación /apesta (a tabaco).

Orientierung und Nachfragen

Wo ist hier ...?
¿Dónde está aquí ...?

Ich suche den/die ...
Busco el/la ...

Die/der ... ist kaputt.
El/la ... está roto/a.

Könnte ich bitte ein/eine ... haben?
¿Me puede dar un/una ...?

Wie funktioniert der/die ...?
¿Cómo funciona el/la ...?

Die/der ... ist 1/sauber 2/schmutzig.
La/El ... está 2/limpio/a 2/sucio/a.

Könnten Sie die Heizung in der/dem ... 1/anmachen 2/höher drehen?
¿Puede 1/encender 2/subir/la calefacción en el/la ...?

Wo kann ich meine Wäsche trocknen?
¿Dónde puedo secar mi ropa?

Meine Schuhe sind nass, könnte ich bitte alte Zeitungen zum Trocknen haben?
Mis zapatos están mojados, ¿me puede dar periódicos viejos para secarlos?

Wo finde ich eine Steckdose (um mein Handy aufzuladen)?
¿Dónde encuentro un enchufe (para poder cargar mi móvil)?

Wasch- und Sanitäranlagen

Ist die 1/Dusche 2/Toilette 3/Waschmaschine frei?
¿Está 1/la ducha 2/el baño 3/la lavadora libre?

Wo ist die Toilette für 1/Damen 2/Herren?
¿Dónde está el baño para 1/mujeres 2/hombres?

Die 1/Dusche 2/Toilette 3/Waschmaschine ist frei!
¡1/La ducha 2/El baño 3/La lavadora está libre!

Das Wasser in der Dusche ist kalt.
El agua de la ducha está fría.

Auf der Toilette ist kein Papier mehr.
En el baño no hay (más) papel.

Auf einer Toilette 1/war ein Pilger mit Durchfall 2/ist offensichtlich ein Pilger explodiert./- Man sollte Sie sofort sperren und reinigen.
En uno de los baños 1/estuvo un peregrino con diarrea 2/parece que ha explotado un peregrino./- Se debería cerrarlo y limpiarlo ahora mismo.

Achtung: Nicht benutzen! Diese Toilette ist kontaminiert!
Cuidado: ¡No utilizar! Este baño está contaminado!

Küche und Esszimmer

Sollen wir heute zusammen kochen?
¿Quieres que cocinemos juntos?

Wer geht einkaufen?
¿Quién va de compras?

Ich gehe einkaufen!
¡Yo voy de compras!

Vergiss den Wein nicht!
¡No olvides el vino!

Wer kocht?
¿Quién cocina?

Ich koche gerne (wenn mir jemand hilft)!
¡Yo cocino de buena gana (si alguien me ayuda)!

Wie machen wir das mit dem Bezahlen?
¿Como lo hacemos con la cuenta?

Können wir die Kosten teilen?
¿Podemos ir a medias?

Ich lade Euch heute ein, 1/weil ich Geburtstag habe 2/weil ich euch so mag.
Hoy os invito yo 1/por que estoy de cumpleaños 2/porque os tengo aprecio.

Wir würden gerne auch noch kochen. Wie lange braucht ihr noch?
A nosotros también nos gustaría cocinar. ¿Cuánto tiempo váis a tardar?

Könntet ihr uns etwas hiervon leihen?
¿Nos podéis prestar algo de ésto?

Essen ist fertig!
¡La comida está lista!

Essen wird kalt!
¡La comida se enfría!

Wir müssen noch abspülen.
Aún tenemos que fregar.

Wir haben (zu viel) gekocht. Wenn du willst, kannst du das gerne essen.
Hemos cocinado (demasiado). Si quieres, puedes comerte esto.

Habt ihr eine Gitarre für uns? Wir würden gerne Musik machen.
¿Tenéis una guitarra para nosotros?, nos gustaría tocar.

☺ Das übrig gebliebene Essen nicht wegschmeißen, sondern für nachfolgende Pilger in den Kühlschrank stellen und mit einem Zettel mit folgender Aufschrift kennzeichnen:

Bedien dich!
¡Sírvete!

Für alle!
¡A todos!

Essen vom (Datum des Tages)
La comida es del ...

In der Nacht

Ich bin müde.
Tengo sueño.

Träum was Süßes!
¡Dulces sueños!

Ruhe! Da schlafen schon welche.
Silencio. Hay gente durmiendo

Mach 1/das Licht 2/das Handy/3 die Taschenlampe/aus!
Apaga 1/la luz 2/el móvil 3/la linterna.

Bitte lasst das Fenster 1/offen 2/geschlossen.
Por favor 1/dejad la ventana abierta 2/dejad la ventana cerrada.

Bitte 1/öffne das Fenster (ich ersticke) 2/schließe das Fenster (ich erfriere).
Por favor, 1/abre la ventana, (me asfixio) 2/cierra la ventana (me congelo).

Niemand kann schlafen, bitte verleg den Schnarcher in ein anderes Zimmer.
Nadie puede dormir, por favor cambia de habitación al que ronca.

(Verflucht!) Ich will ausschlafen.
(¡Maldición!) Quiero dormir más.

Am Morgen

☞ Siehe auch Frühstück Seite 65 und 79

So früh setzt man doch keinen braven Pilger vor die Tür. (Wir sind hier doch nicht beim Bund!)
Tan temprano no se hecha a ningún peregrino bueno a la calle (no estamos en la mili)

Ich will noch einen weiteren Tag hierbleiben (weil ich krank bin).
Quiero quedarme un día más aquí (porque estoy enfermo).

Ich muss noch bezahlen.
Aún tengo que pagar.

Du hast mir meinen Pilgerausweis noch nicht zurückgegeben.
Aún no me has devuelto mi credencial de peregrino.

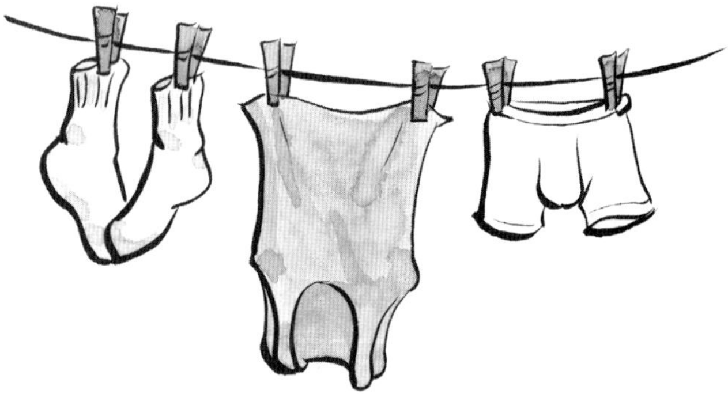

Lob, Beschwerde und Feedback

☞ Siehe auch Gastronomie Seite 72 und Touristeninformation Seite 50

☺ Jede Herberge oder Pension wird sich über Lob freuen und auch Kritik nicht ganz unbeachtet lassen. Sie können Ihr Feedack auch in das Gästebuch schreiben, wo es andere Pilger und auch Vorgesetzte lesen.

Lob

... du bist 1/ein echter Pilgerpappi 2/eine echte Pilgermutti!
... eres como 1/un papá 2/una mamá/para los peregrinos

Vielen Dank! Diese Herberge ist ein echtes Pilgerparadies.
¡Muchas gracias! Este albergue es un auténtico paraíso de peregrinos.

Wir haben uns hier gefühlt wie in Mutters Schoß.
No hemos sentido aquí - como en el regazo de una madre.

Alles was ihr einem meiner Geringsten getan habt, hab ihr mir getan.
Todo lo que habéis hecho a uno de los míos, me lo habéis hecho a mi.

Einen Kuss für dich ...
Un beso para ti ...

Schelte

Hier kann man wirklich noch was verbessern!
¡Aquí hay mucho que mejorar!

Wir haben ... als einen inkompetenten und unfreundlichen Herbergsvater erlebt. (Bitte so bald wie möglich austauschen.)
Hemos conocido a ... como un hospitalero incompetente y antipático. (Por favor, cambiadlo lo antes posible.)

Du solltest mal selber den Weg gehen, dann würdest du wissen, wie man einen Pilger richtig behandelt.
Alguna vez deberías hacer el camino tú mismo, así sabrías, como se debe tratar a un peregrino.

Sie wollen mich wohl verarschen? Das ist Betrug!
¿Me estás vacilando? ¡Eso es un timo!

Geben Sie mir 1/die Hälfte meines Geldes 2/mein Geld/zurück, sonst fülle ich in der Touristeninformation ein Beschwerdeformular aus.
Devuélvame 1/la mitad de mi dinero 2/mi dinero; sino voy a rellenar una hoja de reclamaciones en el punto de información turística.

Ich kann das auch an den Autor meines Wanderführers schreiben.
Se lo puedo decir al autor de mi guía de caminante.

Ich möchte mit dem Chef sprechen.
Quiero hablar con el jefe.

Ausstattung der Herberge

Aufenthaltsraum - *sala de descanso*	Kehrschaufel - *escobilla*
Ausgang - *salida*	Kissen - *cojín*
Badewanne - *bañera*	Küche - *cocina*
Badezimmer - *baño/ducha*	Küchenausrüstung - *bajilla*
Besen - *escoba*	Kühlschrank - *nevera*
Bett - *cama*	Lager - *almacén*
Bettbezug - *sábana*	Lappen - *balleta*
Boden - *suelo*	Licht - *luz* (f)
Computer - *ordenador*	Lichtschalter - *interruptor*
Decke - *manta*	Liege/Stockbett - *litera*
Doppelzimmer - *habitación doble*	Matratze - *colchón*
Dusche - *ducha*	Pfanne - *sartén* (f)
Eimer - *cubo*	Rezeption - *recepción* (f)
Eingang - *entrada*	Privat - *privado*
Einzelzimmer - *habitación individual*	Schlafsaal - *dormitorio*
Erdgeschoss - *planta baja*	Schrank - *armario*
erster Stock - *primera planta*	Spiele - *juegos*
Esszimmer - *comedor*	Spind - *armario*
Federbett - *cama de plumas*	Spülmittel - *detergente*
Fenster - *ventana*	Standheizung - *estufa*
Fernseher - *televisión* (f)	Steckdose - *enchufe*
Fußboden - *suelo*	Stuhl - *silla*
Gang - *pasillo*	Telefon - *teléfono*
Garten - *jardín*	Tisch - *mesa*
Gästebuch - *libro de visitas*	Tischdecke - *mantel*
Geschirrtuch - *paño para la bajilla*	Toilette - *baño*
Gitarre - *guitarra*	Topf - *olla*
Hauskapelle - *capilla*	Treppe - *escalera*
Heizung - *calefacción* (f)	Trockner - *secadora*
Herbergsmutter - *hospitalera*	Tür - *puerta*
Herbergsvater - *hospitalero*	Waschbecken - *lavabo*
Herd - *estufa*	Wäscheständer - *tendal*
Hof - *patio*	Wäschetrockner - *secadora*
Klimaanlage - *aire acondicionado*	Waschmaschine - *lavadora*
Spendenkasse - *caja de las propinas*	Waschstein - *fregadero*
Turnmatte - *colchón deportivo*	Waschküche - *lavadero*
Mikrowelle - *microondas* (m)	Wasserhahn - *grifo*
Internet - *internet*	Zimmer - *habitación* (f)

Gastronomie

☞ Siehe auch Wortschatz zur Gastronomie ab Seite 73

☺ Spanien verfügt über eine sehr vielseitige Gastronomielandschaft und um alle Speisezutaten und Gerichte zu erwähnen, würde ein Sprachführer von dem doppelten Umfang dieses Buches nicht ausreichen. Es werden hier also nur die wichtigsten der Begriffe und Sätze beschrieben, die dem Jakobspilger normalerweise begegnen.

Suche, Auswahl und Reservierung

Suche des Lokals

☞ Siehe auch Wegbeschreibung Seite 36

Hast du schon ein Restaurant gefunden, wo wir abendessen können?
¿Ya has encontrado un restaurante dónde podamos cenar?

Kannst du mir ein Lokal empfehlen, wo man abends Menüs bekommt?
¿Me puedes recomendar un local dónde ofrezcan por la noche menús?

Wo essen die Pilger hier normalerweise zu Abend?
¿Dónde suelen cenar aquí los peregrinos?

Wo essen die Leute von hier normalerweise?
¿La gente de aquí dónde suele comer?

Ich suche ein 1/Restaurant 2/... mit günstigen Preisen
Busco un1/restaurante 2/... con buenos precios

Sind die Portionen dort groß?
¿Los platos son grandes?

Ich suche 1/ein Restaurant 2/... mit Spezialitäten dieser Region.
Busco 1/un restaurante 2/... con especialidades de esta región.

Ich hab heute Lust auf ... Welches Restaurant kannst du mir da empfehlen?
Hoy me apetece comer ... . ¿Qué restaurante me puedes recomendar?

Wir wollen heute wirklich gut essen. Was kannst du mir da empfehlen?
Hoy nos apetece comer bien de verdad. ¿Qué me puedes recomendar?

Wir wollen ca. ... bis ... € pro Person ausgeben.
Queremos gastar desde ... a ... Euros por persona.

Auswahl

1/Habt ihr 2/haben Sie/heute geöffnet?
1/Tenéis 2/Tienen hoy abierto?

Ab wann gibt es 1/Menüs 2/...?
¿A partir de qué hora hay 1/menús 2/...?

Kann ich die Speisekarte sehen?
¿Puedo ver la carta?

Darf ich das Menü sehen?
¿Puedo ver el menú?

Was beinhaltet das Menü?
¿Qué trae el menú?

Was kostet 1/das 2/...?
¿Cuánto cuesta 1/ésto 2/...?

Habt ihr ein besonderes Pilgermenü?
¿Teneis un menú de peregrinos?

Wie viel Wein bekommt jede Person zum Menü?
¿Cuánto vino recibe cada persona con el menú?

Müssen wir das Restaurant nach dem Essen gleich wieder verlassen?
¿Tenemos que dejar el restaurante al terminar de comer?

Reservierung

Können wir hier heute ... essen?
¿Podemos comer hoy aquí ...?

Muss man einen Tisch reservieren?
¿Hay que reservar una mesa?

Ich möchte für 8:00 Uhr einen Tisch für 6 Personen reservieren.
Quiero reservar una mesa a las ocho para seis personas.

Ich möchte für ... Uhr diesen Tisch reservieren.
Quiero reservar para las ... esta mesa.

Verschiedene Lokalitäten

traditionelle Wirtschaft - *mesón*	Lokal - *local*
galicische Wirtschaft - *pulpería*	Restaurant - *restaurante*
Bar - *bar*	Grill - *gril*
Café - *café*	Weinkeller - *bodega*
trad. Spritzgebäckbar - *churrería*	Pizzeria - *pizzería*
Automat für ... - *máquina expendedora de ...*	Kiosk - *quiosco*

Art der Verköstigung

Einfaches Frühstück - *desayuno sencillo*	Abendessen - *cena*
Reichliches Frühst. - *desayuno continental*	Portion - *porción* (f)
Belegtes Brot (Boguette) - *bocadillo*	Gericht - *plato*
Appetithappen - *tapas*	Buffet - *buffet libre*
Mittagessen - *comida*	Menü - *menú*

Ankunft, Auswahl, Bestellung, Essen, Feier und Bezahlung

☞ Siehe auch Auswahl des Lokals Seite 63

Ankunft

Ich habe für ... Personen reserviert.
He reservado para ... personas.

Ist dieser 1/Platz 2/Tisch noch frei?
¿1/Este sitio 2/Esta mesa está aún libre?

Ich habe 1/Durst 2/Hunger.
Tengo 1/sed 2/hambre.

Die Speisekarte bitte.
La carta, por favor.

Auswahl

☺ Wenn Sie in Spanien ein Menü bestellen, erhalten Sie für einen Gesamtpreis meist eine Vorspeise, eine Hauptspeise, dazu Brot, eine Nachspeise und meist wahlweise Wein oder Wasser. Besser ist es aber, vorher zu fragen (☞ oben). Es ist üblich, den ersten und zweiten Gang eines Menüs gleich zu Beginn des Essens zu bestellen, wobei Sie meist zwischen verschiedenen Speisen wählen können. Der Nachtisch wird oft erst später bestellt. Der erste Gang dient meist zur Hauptsättigung. Gelegentlich wird Ihnen eine gemischte kalte Platte mit verschiedenen Käse- und Wurstsorten gereicht (sp: *entremeses*). Normalerweise beinhaltet der erste Gang aber kein Fleisch oder Fisch und besteht oft aus einfachen Gerichten wie Gemüse, Salat, Nudeln, Suppe oder einem Eintopf. Im zweiten Gang wird in der Regel immer auch Fleisch und meistens auch Fisch serviert. Nach dem Essen wird Ihnen gelegentlich ein Kaffee angeboten. Dieser ist aber nicht immer im Menüpreis inbegriffen, kann aber manchmal gegen den Nachtisch getauscht werden.

Achtung: Wenn Sie sich nicht vorher entschieden dagegen wehren, wird Ihnen in Spanien ohne jede böse Absicht der Rotwein oft *kalt* serviert.

Was ist das Menü?
¿Qué lleva el menú?

Habt ihr Appetithappen?
¿Teneis tapas?

Könnt ihr belegte 1/Brötchen 2/einfache Speisen machen?
¿Hacéis 1/bocadillos 2/comidas sencillas?

Habt ihr eine Speisekarte auf Deutsch oder Englisch?
¿Tenéis una carta en alemán o en inglés?

Was kannst du mir empfehlen?
¿Qué me puedes recomendar?

Ich habe großen Hunger, was kannst du mir da empfehlen?
Tengo mucha hambre, ¿qué me puedes recomendar?

Entschuldigung, ich verstehe das nicht, ist das Fleisch, Fisch, Geflügel, Gemüse oder was?
Perdón, no entiendo esto, ¿es ésto carne, pescado, ave o verdura o qué?

Kannst du mir hier bitte anhand der Liste (☞ ab Seite 74) zeigen, um welche 1/Fleischart 2/Gemüseart 3/Zubereitungsart es sich handelt?
¿Me puedes enseñar en la lista qué tipo de 1/carne 2/verdura 3/forma está preparada la comida?

Welche Speisen enthalten ...?
¿Qué platos tienen ...?

Hat der Fisch Gräten?
¿El pescado tiene espinas?

Sind in der Fischsuppe Schalen?
¿Hay cáscaras en la sopa de pescado?

Ist das sehr scharf?
¿Esto es muy picante?

Bitte nicht zu scharf!
¡Por favor, no demasiado picante!

Kannst du uns das bitte zeigen?
Por favor, ¿nos puedes enseñar ésto?

Mit was ist das zu vergleichen?
¿Con qué se puede comparar esto?

Könntest du mir nicht doch ausnahmsweise irgendeinen Fisch als zweiten Gang bringen?
Como excepción, ¿me puedes poner algún tipo de pescado como segundo plato?

Ich möchte eine zweite Vorspeise als Hauptspeise. Geht das?
Quiero un primer plato como plato principal. ¿Es posible?

Gibt es vegetarisches Essen (ohne Fisch und Fleisch)?
¿Hay comida vegetariana (sin pescado ni carne)?

Ich habe eine Allergie gegen ... Was kann ich da essen?
Tengo alergia a ... ¿Qué puedo comer aquí?

Ist da 1/Knoblauch 2/Kümmel 3/Sellerie/drin?
¿Lleva ésto 1/ajo 2/comino 3/apio?

Ich hasse ...! Kann ich bitte in dieser Speise ... gegen ... tauschen?
Odio ...! ¿Puedo cambiar en éste plato ... por ...?

Nein danke, ich möchte lieber doch 1/kein Menü 2/nichts essen.
No gracias, prefiero 1/no comer menú 2/no comer nada.

Bestellung

Können wir bestellen?
¿Podemos pedir?

Bitte ein Brötchen mit 1/Käse 2/Schinken/3 Salami 4/einfachem Eieromelett!
Por favor un bocadillo con 1/queso 2/jamón 3/salami 4/tortilla francesa.

Als ersten Gang bitte ... als zweiten Gang bitte ... (als Nachspeise bitte ...)
De primero por favor ... de segundo por favor ... (de postre por favor...)

Bitte das Fleisch gut 1/durchgebraten 2/rosa.
Por favor 1/la carne bien hecha 2/poco hecha.

Ich nehme dasselbe wie 1/er 2/sie 3/du.
Voy a tomar lo mismo 1/que él 2/que ella 3/que tú.

Ich trinke ... dazu.
Con ésto tomaré ...

Den Rotwein bitte mit Raumtemperatur.
El vino tinto por favor a temperatura ambiente.

Bitte ein kaltes Wasser 1/mit 2/ohne Kohlensäure.
Por favor, un agua fría 1/con 2/sin gas.

Bitte bring mir eine 1/große 2/kleine Flasche.
Por favor, tráeme una botella 1/grande 2/pequeña.

Bitte bring mir nur 1/ein Glas 2/eine Tasse.
Por favor, tráeme sólo 1/un vaso 2/una taza.

Nachfragen und Reklamationen

Wo bleibt das Essen? Ich sterbe vor Hunger!
¿Dónde está la comida? ¡Me muero de hambre!

Wo finde ich hier die Toilette 1/für Damen 2/für Herren?
¿Dónde está el baño 1/de mujeres 2/de hombre?

Könntest du mir bitte ein/einen ... bringen?
Por favor, ¿me puedes traer un/una ...?

Könntest du mir bitte Essig und Öl bringen?
Por favor, ¿me puedes traer aceite y vinagre?

Noch eins/einen/eine!
¡Otro/a!

Das habe ich nicht bestellt. Ich bekomme ...
Yo no he pedido esto. He pedido ...

Das Fleisch ist nicht durchgebraten.
La carne no está bien hecha.

Das Essen ist kalt. Bitte wärm es auf.
La comida esta fría. Por favor, calientamela.

Könnte man das bitte sauber machen.
Por favor, limpie esto.

Der Wein hat die falsche Temperatur, bitte bring ihn mir wie bestellt.
El vino no tiene buena temperatura, por favor tráemelo como lo he pedido.

Entschuldigung, ich habe dich wohl falsch verstanden und das falsche bestellt. Bitte nimm das zurück und bring mir ...
Perdone, me parece que te he entendido mal y he pedido mal. Por favor, llévese esto de vuelta y tráigame ...

Entschuldigung ich kann das nicht essen, nimm es bitte zurück.
Perdone pero no puedo comerme esto, por favor, llévatelo de vuelta.

Warte bitte noch.
Por favor espere.

Ich bin fertig (bitte abräumen).
He terminado (por favor, recoja).

Du kannst jetzt den 1/zweiten Gang 2/den Nachtisch bringen.
Puedes traer el 1/segundo plato 2/el postre.

Ist der Kaffee im Menü inbegriffen?
¿El café está incluido en el menú?

Kann ich anstelle des Nachtisches einen Kaffee bekommen?
¿Puedo pedir en vez del postre un café?

Nein danke, ich bin satt.
No, gracias, estoy lleno.

Das (dicke) Ende

Darf man hier rauchen?
¿Aquí se puede fumar?

Hast du Feuer?
¿Tienes fuego?

Bei diesem heißen Wetter verdunstet der Wein anscheinend ganz von alleine. Könntest du noch 1/eine Flasche 2/zwei Flaschen bringen?
Con este calor el vino se evapora solo. ¿Puedes traer 1/una botella más 2/dos botellas más?

Ist die Flasche noch im Menü enthalten?
¿Esta botella aun entra en el menú?

Die Flasche geht auf meine Rechung!
¡Esta botella la pago yo!

☺ In Galicien wird gerne die *queimada*, eine Art Hexenbowle gebraut. (☞ Ourdoorführer zum Camino Frances, Stciwort "Queimada") Den dazugehörigen Zauberspruch können Sie sich von folgender Seite ausdrucken: 💻 www.camino-de-santiago.de/qeimada.html).

☺ In Spanien ist folgender feierlicher Trinkspruch weit verbreitet: Mit dem von der rechten Hand ergriffenen und gewöhnlich mit einem alkoholhaltigen Getränk gefüllten Trinkgefäß wird dabei von den heiteren Tischgenossen streng synchron exakt die Bewegung ausgeführt, welche die gegenseitig (laut) zugerufenen Befehle vorgeben. Am Ende des Rituals folgt während einer allgemeinen kurzen Sprechpause der zügige Genuss des jeweils eigenen Getränkes.

Lassen Sie sich diese alte Tradition gegebenenfalls von einem hilfsbereiten Spanier fachkundig demonstrieren.

Entschuldigung, wie führt man diesen Trinkspruch korrekt aus? Könntest du uns das vormachen?
Perdone, ¿cómo se brinda? ¿Nos lo puedes enseñar?

Trinkspruch:
Hoch, runter, in die Mitte und rein!
¡Arriba, abajo, al centro y para dentro!

Er/Sie verträgt nicht sehr viel.
El/Ella no aguanta demasiado.

Er/Sie verträgt viel.
El/Ella aguanta mucho.

Das schwitzen wir morgen wieder raus.
Esto lo sudamos mañana.

Bezahlung und (feierlicher) Abgang

☺ In Spanien wird gewöhnlich pro Tisch eine Rechnung für den gesamten Tisch ausgestellt und diese dann unter den Tischgenossen aufgeteilt. Wünschen Sie eine getrennte Rechung, so müssen Sie dies vorher sagen. Sie werden dafür aber nicht immer Begeisterung ernten. Das Trinkgeld wird in Spanien normalerweise nicht auf den zu bezahlenden Betrag aufgeschlagen, sondern wird bei Verlassen des Restaurants auf dem kleinen Teller hinterlassen, mit dem Sie auch Ihr Rückgeld erhalten haben.

Die Rechung bitte.
La cuenta por favor.

Können wir getrennt bezahlen?
¿Podemos pagar por separado?

Berechne mir bitte ...
Por favor, haga la cuenta de ...

Was bekommst du von mir?
¿Cuánto te debo?

Kann ich mit Kreditkarte bezahlen?
¿Puedo pagar con tarjeta de crédito?

Das stimmt so.
Está bien así.

Das ist das Trinkgeld.
Esto es la propina.

... ist stockbesoffen. Kannst du mir helfen ihn/sie ins Bett zu bringen?
... está totalmente borracho. ¿Me puedes ayudar a llevarlo/a a la cama?

Lobhudelein und Kritik

☞ Siehe auch Touristeninformation Seite 50 und Herberge Seite 60

Das Essen ist 1/gut 2/sehr köstlich.
La comida está 1/bien 2/muy sabrosa.

Die/Der ... war ein kulinarischer Orgasmus.
El/La ... fue un orgasmo culinario

Ihr Wein ist wirklich gut. (Mit dem können Sie Tote aufwecken.)
Su vino está realmente bien. (Con el se podría resucitar a los muertos.)

Danke für den freundlichen Service.
Muchas gracias por el amable servicio.

Das Essen war 1/sehr einfach 2/nicht genug.
La comida era 1/muy sencilla 2/poca.

Wörterbuch Restaurant

☞ Wortschatz für verschiedene Lokale und Verköstigung Seite 65

Grundwörter

Esszimmer - *comedor*	Tischdecke - *mantel*
Bestellung - *pedido*	Kellner - *camarero/a* ↳

Koch - *cocinero/a*	Rechnung - *cuenta*
Toilette - *baño*	Speisekarte - *carta*
Aschenbecher - *cenicero*	Trinkgeld - *propina*
Feuer - *fuego*	Fleck - *mancha*
Kasse - *caja*	Lappen - *balleta/trapo*

Essgeschirr, Besteck u.Ä.

Besteck - *cubiertos*	Gabel - *tenedor*
Geschirr - *vajilla*	Teelöffel - *cucharrilla*
Teller - *plato*	Suppenlöffel - *cuchara*
Tasse - *taza*	Korkenzieher - *sacacorchos*
Glas - *vaso*	Flaschenöffner - *abridor*
Krug - *jarro*	Zahnstocher - *palillo*
Messer - *cuchillo*	Serviette - *servilleta*

Speisearten

Aperitif - *aperitivo*	Nudelgericht - *plato de pasta*
erster Gang - *primer plato*	Pizza - *pizza*
Vorspeise - *entrante*	zweiter Gang - *segundo plato*
Suppe - *sopa* ☞	Hauptspeise - *plato principal*
Eintopf - *caldo/cosido*	Soße - *salsa*
Pastete - *empanada* 𝕊	Nachtisch - *postre* ☞

Suppen - Sopas

☞ Siehe auch Zutaten Seite 75

☺ Bei Speisen, die mit diesem Zeichen 𝕊 versehen sind, handelt es sich in der Regel um spanische Spezialitäten, die Sie, auch wenn Ihnen deren Beschreibung und Aussehen anfänglich evtl. nicht zusagen, doch wenigstens einmal als "tapa" probieren sollten.

Hühnersuppe - *sopa de pollo*	Galicische Kohls. - *caldo gallego* 𝕊
Nudelsuppe - *sopa de fideos*	kalte Gemüses. - *gazpacho* 𝕊
Knoblauchsuppe - *sopa de ajo* 𝕊	Gemüsecremes. - *crema de verduras*

Gemüse und Hülsenfrüchte - Verduras y legumbres

Blumenkohl - *coliflor* (f)	Linsen - *lentejas*
Bohnen - *judías*	Olive - *aceituna*
Erbsen - *guisantes*	Paprika - *pimiento*
Karotten - *zanahorias*	Pilze - *setas*
Kichererbsen - *garbanzos*	Rosenkohl - *col de bruselas* (f)
Knoblauch - *ajo*	Tomate - *tomate*
Kohl - *col* (f)	Zwiebel - *cebolla*

Salate - Ensaladas

grüner Salat, Kopfsalat - *lechuga*	Tomatensalat - *ensalada de tomate*
Russischer Salat - *ensaladilla rusa*	Spargel - *espárragos*
gemischter Salat (mit Tunfisch) - *ensalada mixta* (con atún)	

Fleisch- und Geflügelsorten - Carne y aves

Kalb - *ternera*	Kaninchen - *conejo*
Schwein - *cerdo*	Hähnchen - *pollo*
Spanferkel - *lechón*	Pute - *pavo*
Lamm - *cordero*	Ente - *pato*

Fleischgerichte - Platos con carne

☞ Siehe auch Zubereitungsarten S. 77

Steak/Filet - *filete*	Schinken - *jamón (serrano)* 𝕊
Kotelett/Schnitzel - *chuleta*	Kochschinken - *jamón cocido*
Schnitzel - *escalope*	Geräucherter Kuhschinken - *cecina*
Schnitzel natur - *lomo*	Gegrillte Rippchen - *churrasco*
Brust - *pechuga*	Fleischpastete - *empanada de carne* 𝕊
Niere - *riñón*	Fleischklöschen - *albondigas*
Salami - *salami*	Kutteln/Pansen - *callos*
Wurst - *salchicha*	Blutwurst (mit Reis) - *morcilla* 𝕊
Würstchen - *salchicha*	kalte gemischte Platte - *entremeses*
Paprikawurst - *chorizo* 𝕊	Hamburger - *hamburguesa*

Fischsorten und Fischgerichte - Pescados y platos con pescado

☞ Siehe auch unten nächste Seite Zubereitungsarten

Fisch - *pescado*	Fischpastete - *empanada de pescado* S
Thunfisch - *atún*	Stockfisch - *bacalao*
Sardellen - *sardinas*	Kabeljau - *abadejo*
Seehecht - *merluza*	Forelle - *trucha*
Lachs - *salmón*	Aal - *anguila*
Seezunge - *lenguado*	Gräte - *espina*

Meeresfrüchte - Marisco

Tintenfisch - *calamar*	Schwertmuscheln - *navajas* S
Krake - *pulpo* S	Langusten - *langostinos* S
Miesmuschel - *mejillones* S	Krabben - *cangrejo*
Venusmuscheln - *almejas* S	Garnele - *gambas* S

Typische Kartoffel- Reis- und Eierspeisen - Platos con patata, arroz y helados típicos

Kartoffeln - *patatas*	Rührein (mit ...) - *huevos revueltos (con ...)*
Reis - *arroz*	Spanisches Omelett - *tortilla de patatas* S
Ei - *huevo*	Eieromelett - *tortilla francesa*
Kroketten - *croquetas*	spanischer Reiseintopf - *paella* S

Extras, Gewürze usw.

Gewürze - *especias*	Maggi - *hierba maggi*
Essig - *vinagre*	Zucker - *azúcar*
Öl - *aceite*	Milch - *leche* (f)
Salz - *sal* (f)	Süßstoff - *edulcorante* (f)
Pfeffer - *pimienta*	Senf - *mostaza*
Paprika - *pimiento*	Ketchup - *ketchup*
Knoblauch - *ajo*	Mayonnaise - *mayonesa*

Obst - Fruta

☞ Siehe auch Nachtisch Seite 79

Ananas - *piña*	Himbeere - *frambuesa*
Apfel - *manzana*	Kirsche - *cereza*
Apfelsine - *naranja*	Melone - *melón*
Banane - *plátano*	Pfirsich - *melocotón*
Birne - *pera*	Pflaume - *ciruela*
Brombeere - *mora*	Trauben - *uvas*
Erdbeere - *fresa*	Wassermelone - *sandía*
Feige - *higo*	Zitrone - *limón*

Allgemeine Nahrungsmittel (im Supermarkt)

Bisquitküchlein - *magdalenas*	Kekse - *galleta*
Bonbon - *bombón*	Konfitüre - *confituras*
Brot - *pan*	Marmelade - *mermelada*
Butter - *mantequilla*	Mais - *maíz*
Ei - *huevo*	Mais (gerösteter) - *maíz frito*
Erdnuss - *nuez* (f)	Mehl - *harina*
Fett - *grasa*	Milch - *leche*
Fisch - *pescado*	Nudeln - *pasta*
Fleisch - *carne*	Reis - *arroz*
Gebäck/Süßes - *pastelitos*	Schokolade - *chocolate*
Gewürze - *especias*	Schinken - *jamón serrano* 𝕊
Honig - *miel* (f)	Schinken (gekocht) - *ja. cocido*
Jogurt - *yogurt*	Toast - *tostada*
Kartoffel - *patatas*	Trockenobst - *frutos secos*
Kartoffelchips - *patatas fritas*	Thunfisch - *atún*
Käse - *queso*	Vollkornbrot - *pan integral*
Käse (Ziege) - *queso de cabra* 𝕊	Wasser - *agua* (m)
Käse (holländ.) - *queso holandés*	Wein - *vino*
Käse (geräuchert) - *qu. ahumado* 𝕊	Zucker - *azúcar*

Zubereitungsarten - Tipos de preparación

aufwärmen - *calentar*	gebraten - *frito*
frisch - *fresco*	gedämpft - *al vapor*
frittiert - *frito*	gedünstet - *guisado*
gebacken - *horneado*	gefüllt - *relleno*

⇨

gegrillt - *a la parrilla*	kalt - *frío*
gekocht - *cocido*	Knoblauchsoße (in) - *al ajillo*
geräuchert - *ahumado*	paniert - *a la romana*
geschmort - *estofado*	mager - *magro*
halbgekocht - *medio cocido*	roh - *crudo*
hart - *duro*	salzig - *salada*
hausgemacht - *casero*	scharf - *picante*
heiß - *caliente*	zäh - *tierno*

Erfrischungsgetränke - Bebidas refrescantes

Wasser 1/kalt 2/heiß - *agua 1/fría 2/caliente*
Leitungswasser (☺ in Lokalen meist kostenlos) - *agua del grifo*
Tafelwasser (ohne Kohlensäure) - *agua sin gas*
Mineralw. (Raumtemperatur) - *agua con gas del tiempo*
Mineralwasser (kalt) - *agua mineral (fría)*
Erfrischungsgetränk - *bebida refrescante*
Cola 1/mit 2/ohne Eis - *coca cola 1/con 2/sin hielo* (f)
Orangensaft - *zumo de naranja*
Apfelsaft - *zumo de manzana* (☞ Siehe weitere Früchte Seite 77)
Zitronenlimonade - *limonada*
Fanta 1/Orange 2/Zitrone - *fanta de 1/naranja 2/limón* (f)
Isotonisches Getränk - *bebidas isotónicas*
Bitterlimonade - *bitter Kas* (m)

Milch und Milchmixgetränke - Leche y leche con algo

Milch - leche (f)	Erdmandelmilch - *horchata* $
Milchmixgetränk - *batido*	heiße Schokolade - *chocolate caliente* $
Cacao - *colacao*	Dosenmilch - *leche condensada* (f)

Heiße Getränke - Bebidas calientes

schwarzer Kaffe - *café solo*
Kaffee mit 1/Milch und 2/Zucker - *café con 1/leche y 2/azúcar*
Kaffee 1/groß 2/klein - *café 1/doble 2/pequeño*
Espresso - *expreso*
koffeinfreier Kaffee - *café descafeinado*

Milchkaffee - *café con leche*
Latte Macchiato - *leche manchada/café corto*
Kamillentee - *manzanilla*
Lindenblütentee - *(infusión de) tila*
Schwarztee (mit Milch und Zucker) - *tee negro (con leche y azúcar)*

Alkoholische Getränke - Bebidas alcohólicas

Wein (halb) trocken - *Vino (semi) seco*
Wein 1/leicht 2/jung 3/alt - *vino 1/suave 2/joven 3/viejo*
Rotwein (mit Raumtemperatur) - *vino tinto (a temperatura ambiente)*
Rotweinbowle - *sangría*
Weißwein (kühl) - *vino blanco (frío)*
Roséwein - *vino rosado*
hiesiger Wein - *vino de la región*
Wein des Hauses - *vino de la casa*
Tafelwein - *vino de mesa*
Glas Bier (gezapft) - *caña*
Flaschenbier - *botellín de cerveza* (m)
Dosenbier - *lata de cerveza*
alkoholfreies Bier - *cerveza sin alcohol*
Radler mit Zitronenlimodande - *clara de gaseosa*
Radler mit Limonenlimonade - *clara de limón*
galicische Hexenbowle - *queimada* S
Weinschnaps klar - *agua ardiente* S
Weinschnaps mit 1/Kräutern 2/Kaffee - *orujo de 1/hierbas 2/café* S

Nachtisch, Kuchen, Süßspeisen und Frühstück

☞ Siehe auch Heiße Getränke links und Obst Seite 76

Speiseeis - *helado*	Mandelkuchen - *tarta de santiago* S
Eistorte - *tarta helada*	Käsekuchen - *tarta de queso* S
Milchchreme - *natilla* S	Nougatkuchen - *tarta de turrón* S
Karamellpudding - *flan* S	Schokocreme - *mousse de chocolate*
Milchreis - *arroz con leche*	Jogurt (natur) - *yogurt (natural)*
Torte - *tarta*	Jogurt mit Früchten - *yogurt con frutas*
Kuchen - *pastel*	Obstsalat - *ensalada de frutas*

☺ Spanier frühstücken in der Regel nur Kekse, Biskuit oder süße Stückchen und dazu Kaffee. Als typisches festliches Frühstück oder süße Beilage zum Kaffee ist Ölgebäck (sp. *churros*) sehr beliebt. Man genießt dies typischerweise mit dicker heißer Schokolade. Beides bekommt man in den sogenannten *churrerias*.

Brot - *pan*	Butter - *mantequilla*
Toast - *tostada*	Margarine - *margarina*
Kekse - *galleta*	Marmelade - *mermelada*
Croissant - *croisant*	Zucker - *azúcar*
Biskuittörtchen - *magdalenas* S	Ei - *huevo*
Ölgebäck - *churros* S ☞	Speck - *bacon*
Gebäck/Süßes - *dulces*	Kochschinken - *jamón cocido*

Geschäfte und Ämter

☞ Siehe auch Lokale Seite 65 und Unterkünfte Seite 48

Kleiner Laden - *tienda* ☞ S. 81	Automat - *máquina de ...*
Bäckerei - *panadería*	Bank - *banco* ☞ S. 87
Apotheke - *farmacia* ☞ S. 100	Post - *correos* ☞ S. 87
Fleischerei - *carnicería*	Tabakladen - *estanco* ☞ S. 85
Kiosk - *quiosco*	Schuster - *zapatero* ☞ S. 83 ➩

Buchhandlung - *librería*	Wäscherei - *lavandería*
Supermarkt - *supermercado* ☞ S. 81	Handyladen - *tienda de móviles*
Outdoorladen - *tienda de deportes*	Internetcafé - *ciber (café)* ☞ S. 86
Reisebüro - *agencia de viajes* (f)	Kleidungsgeschäft - *tienda de ropa*
Andenkenladen - *tienda de recuerdos*	Friseur - *peluquero*
Touristeninfo - *punto de información*	Polizei - *policía* ☞ S. 88

Im Lebensmittelgeschäft und Supermarkt

☞ Siehe Getränke Seite 75

Wo finde ich 1/einen Supermarkt 2/ein Lebensmittelgeschäft/3 eine Bäckerei?
¿Cómo encuentro 1/el supermercado 2/la tienda 3/la panadería?

Haben Sie?
¿Tienen ...?

Wo haben Sie?
¿Dónde tienen ...?

Ich möchte bitte ...
Por favor, quiero ...

Was kostet das?
¿Cuánto cuesta ésto?

Ich möchte das in einer 1/einfachen 2/normalen 3/sehr guten/Qualität kaufen.
Quiero comprar ésto en calidad 1/sencilla 2/normal 3/buena.

Was kostet ein Stück (mehrere Stücke) davon?
¿Cuánto cuesta una pieza (varias piezas) de ésto?

Dürfte ich ein winziges Stückchen probieren?
¿Puedo probar un trocito?

Was kosten 1/100 Gramm/2/1 Kilo
¿Cuánto cuesta 1/100 gramos 2/un kilo?

Haben Sie eine bessere Qualität?
¿Tiene ésto de mejor calidad?

Haben Sie das auch günstiger?
¿Tiene ésto más barato?

Bitte geben Sie mir ... Stück.
Por favor déme ... trozo/s.

Bitte ... Gramm davon.
Por favor ... gramos de esto.

Können Sie mir bitte Kugelschreiber und Papier ... geben? ... ich möchte so viel: ...
Por favor, ¿me puede dejar un bolígrafo y papel ...? ... quiero tanto: ...

Können Sie mir das bitte aufschneiden?
Por favor, ¿me lo puede apuntar?

Bitte ein Liter ...
Por favor, un litro ...

Bitte geben Sie mir 1/mehr 2/weniger/davon.
Por favor, déme 1/más 2/menos/de eso.

Bitte 1/dicker 2/dünner schneiden.
Por favor, córtelo 1/más gordo 2/más fino.

Bitte geben Sie mir 1/wenig 2/die Hälfte 3/alles.
Por favor, déme 1/menos 2/la mitad 3/todo.

Nein danke
No, gracias

Was macht das bitte zusammen?
Por favor, ¿cuánto suma esto?

Danke, du hast mich eben vor dem Hungertod gerettet.
Gracias, me has salvado de morirme de hambre.

Danke schön, auf Wiedersehen.
Muchas gracias, hasta la próxima.

Nützliche Produkte

☞ Siehe auch Pilgerutensilien Seite 26 und Grundnahrungsmittel, Gemüse und Obst Seite 77

Sekundenkleber - *superglue*	Diafilm - *carrete de diapositivas*
Schnur - *cuerda*	Sonnencreme - *crema solar*
Batterie - *batería*	Waschmittel - *detergente*
Film - *carrete*	Zeitung (alte) - *periódico (viejo)*

Schuster und Outdoorbedarf

☞ Siehe auch Supermarkt Seite 81

Wo finde ich hier einen 1/Schuster 2/Schuhladen?
¿Dónde puedo encontrar 1/un zapatero 2/una zapatería?

Wo könnte ich hier ... kaufen?
¿Dónde puedo comprar aquí ...?

Können Sie das reparieren?
¿Puede arreglar ésto?

Können Sie die Schuhe neu besohlen?
¿Puede poner suelas nuevas a estos zapatos?

Bitte nehmen Sie die besten Sohlen, die Sie haben.
Por favor, coja las mejores suelas que tenga.

Bis wann ist es fertig? Es ist dringend.
¿Cuándo estará listo? Es urgente.

Ich kann leider nicht so lange warten. Geht das auch schneller bitte?
Por desgracia no puedo esperar tanto. ¿No puede ir más rápido?

Ich suche (stabile) Wanderschuhe.
Busco zapatos para caminar (buenos).

Ich suche neue Schuhe aus 1/Leder 2/Goretex.
Busco zapatos nuevos de 1/cuero 2/goretex.

Haben Sie eine bessere Qualität?
¿Tiene algo de mejor calidad?

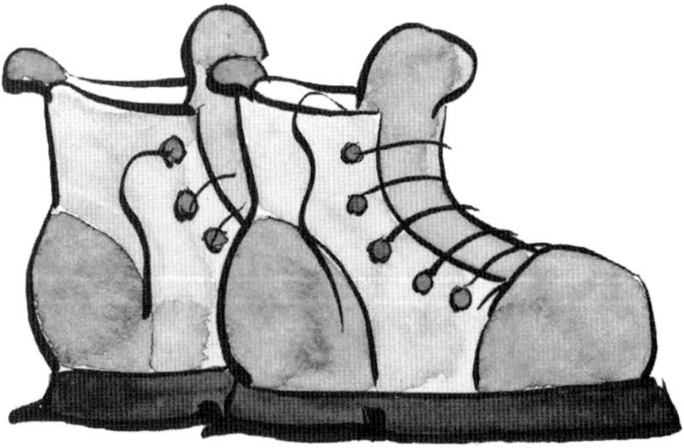

Haben Sie ähnliche 1/Schuhe 2/Jacken 3/Hosen wie diese?
¿Tiene 1/zapatos 2/chaquetas 3/pantalones como éstos/as?

Sind die 1/wasserdicht 2/wasserabweisend?
¿Son 1/resistentes al agua 2/impermeables?

Was empfehlen Sie mir?
¿Qué me recomienda usted?

Das ist mir zu 1/klein 2/groß.
Me queda 1/pequeño 2/grande.

Die Farbe gefällt mir nicht.
No me gusta el color.

Meine Größe ist ...
Mi talla es ...

Hier drückt es.
Me aprieta aquí.

Haben Sie Sonderangebote?
¿Tiene alguna oferta?

Können Sie mir das etwas billiger überlassen? Ich bin ein armer 1/Pilger 2/Student 3/Rentner.
¿Me lo puede dejar más barato? Soy un 1/peregrino 2/estudiante 3/jubilado pobre.

Die nehme ich
Me llevo éstos

Kann ich meine alten Schuhe in Zahlung geben?
¿Puedo dejar los zapatos viejos como pago?

Tabakladen und Handyladen

☺ Briefmarken für Briefe und Postkarten sowie Telefonkarten kaufen Sie in Spanien am einfachsten in einem Tabakladen. Wer viel telefonieren will, für den lohnt sich der Kauf einer spanischen Telefon-(Sim)-Karte in einem Telefonladen.

Wo finde ich hier den nächsten Tabakladen?
¿Dónde está el estanco más cercano?

Briefmarken für 1/Briefe 2/Postkarten nach Deutschland bitte.
Por favor, sellos para 1/cartas 2/postales a Alemania.

Was kosten die Postkarten?
¿Cuánto cuestan las postales?

Haben Sie Briefumschläge?
¿Tiene sobres?

Haben Sie 1/Zigaretten 2/Tabak/der Marke ...?
¿Tiene 1/cigarrillos 2/tabaco/de la marca ...?

Ich möchte eine wiederaufladbare span. Simkarte für mein Handy kaufen.
Quiero comprar una tarjeta de prepago española para mi móvil.

Haben Sie eine Infobroschüre in Deutsch (oder Englisch)?
¿Tiene prospectos en alemán (o en inglés)?

Können Sie mein Handy von 1/Vodafon 2/Movistar 3/Orange/aufladen?
¿Puede cargar mi móvil de 1/vodafone 2/movistar 3/orange?

Dies ist meine Nummer.
Este es mi número.

Bitte laden Sie es mit 1/fünf 2/zehn Euro auf.
Por favor, cárguelo con 1/cinco 2/diez euros.

Haben Sie Telefonkarten mit günstigen Tarifen für Telefonate nach ...
¿Tiene tarjetas telefónicas con tarifas baratas para llamadas a ...

Ich möchte dort vor allem ein 1/Handy 2/ins Festnetz anrufen.
Sobre todo quiero llamar a 1/móviles 2/fijos.

Internetcafé und Ähnliches

Wo gibt es hier ein Internetcafé oder so?
¿Dónde hay por aquí un ciber o algo parecido?

Habt ihr hier 1/Internet 2/Telefon?
¿Tenéis 1/internet 2/teléfono/aquí?

Wie ist der Preis für 1/10 Minuten 2/1 Stunde
¿Cual es el precio para 1/diez minutos 2/una hora?

Habt ihr 1/Skype installiert 2/USB Anschluss?
¿Tenéis 1/Skype instalado 2/entrada para USB?

Ich möchte die Daten meiner Kamera auf 1/CD brennen 2/auf meinen USB-Stick speichern. Geht das bei euch?
Quiero guardar los datos de mi cámara en 1/CD 2/en mi memoria USB. ¿Es posible?

Kannst du bitte mal kommen und mir helfen?
Por favor, ¿puedes venir y hecharme una mano?

Verkauft ihr hier so eine Speicherkarte oder wo kann ich die kaufen?
¿Vendéis tarjetas de memoria o dónde puedo comprar una?

Kann ich hier etwas in 1/schwarz-weiß 2/in Farbe ausdrucken?
¿Puedo imprimir aquí en 1/blanco y negro 2/en color?

Bank und Geld

Wo finde ich den nächsten Geldautomaten?
¿Dónde puedo encontrar el cajero más cercano?

Wo ist die nächste Bank?
¿Dónde está el banco más cercano?

Bitte zahlen Sie mir ... € aus.
Por favor, retíreme ... euros.

Der Geldautomat hat soeben meine Karte verschluckt!
¡El cajero automático se ha comido mi tarjeta!

Kann ich hier eine Expressüberweisung tätigen?
¿Puedo hacer una transferencia express?

Postamt

☺ Verschicken Sie wertvolle Dinge grundsätzlich nur per Einschreiben und bedenken Sie, dass Pakete, die postlagernd verschickt werden, zwei Wochen, nachdem sie nicht abgeholt wurden, wieder an den Absender zurückgeschickt werden!

Wo finde ich 1/einen Briefkasten 2/ein Postamt?
¿Dónde encuentro 1/un buzón 2/una oficina de correos?

Hätten Sie eine Liste mit Preisen für Pakete nach Deutschland?
¿Tienen una lista de precios para envío de paquetes a Alemania?

Was kostet dieses Paket nach Deutschland?
¿Cuánto cuesta enviar este paquete a Alemania?

Was kostet es per Einschreiben?
¿Cuánto cuesta el envío certificado?

Bitte per Luftpost.
Por favor, por correo aéreo.

Wie viel Gramm muss das Paket wiegen, damit es etwas billiger wird?
¿Cuántos gramos tiene que pesar el paquete para que salga algo más barato el envío?

Geben Sie mir bitte auch noch diese 1/Versandtüte 2/Karton.
Por favor, déme también este 1/sobre 2/cartón.

Bitte per Einschreiben verschicken.
Por favor, envíelo certificado.

Bitte postlagernd nach ...
Por favor, carta detenida a ...

Adressdaten von Absender und Empfänger

Absender - *remitente*	Stock/Wohnung - *planta/piso*
Empfänger - *destinatario*	Stadt - *ciudad* (f)
Name - *nombre*	Postleitzahl - *código postal*
Nachname - *apellido*	Land - *país*
Straße - *calle* (f)	Bundesland - *provincia*

Bei der Polizei

Das Engagement und Selbstbewusstsein der ehrwürdigen spanischen Gesetzeshüter kann sehr von deren Tagesform und Persönlichkeit abhängig sein. Gelegentlich ist es daher auch von Nöten, diese wissen zu lassen, dass man nicht bereit ist, sich alles gefallen zu lassen. Wollen Sie sich beschweren, weil Sie den Eindruck haben, von einem Lokal, einer Herberge oder einem Hotel übers Ohr gehauen worden zu sein, so melden Sie sich meist besser bei der nächsten Touristeninformation (☞ Seite 50).

Ich möchte eine Anzeige wegen ... machen.
Quiero poner una denuncia por ...

Spricht hier jemand Deutsch (oder Englisch)?
¿Hay alguien que hable alemán (o inglés)?

Bitte rufen Sie die Polizeihotline für Deutsche an.
Por favor llame al número de atención telefónica en alemán de la policía.

Hier ist mein Personalausweis.
Aquí está mi carnet de identidad.

Ich kann den Vorfall bezeugen.
Puedo demostrar el incidente.

Wenn Sie in der Sache nicht aktiv werden, werde ich mich an eine höhere Stelle wenden (oder die Geschichte der Presse erzählen).
Si no se ponen con el asunto, me pondré en contacto con vuestros superiores (o le contaré está historia a la prensa).

Ich bin unschuldig (wie die Jungfrau Maria)!
¡Soy inocente (como la virgen)!

Der heilige Santiago ist mein Zeuge.
El apóstol Santiago es mi testigo.

Ich werde das in Santiago beichten und bitte um Gnade.
Voy a contar ésto en Santiago y pido clemencia.

Ohne meinen Anwalt sage ich nichts.
No diré nada sin mi abogado.

Wohin bringen Sie mich?
¿A dónde me llevan?

Vergehen

Sexuelle Belästig. - *acoso sexual*	Körperverletzung - *lesiones*
Diebstahl - *robo*	Hundebiss - *mordedura de perro*
Betrug - *estafa*	Beleidigung - *ofensa*

Kirche und Religion

☺ Den Text der Messe in Spanisch und die Übersetzung des Textes der Compostela finden Sie auf meiner Seite
💻 www.camino-de-santiago.de/messe.html

Wo gibt es hier eine 1/Abendmesse 2/Morgenmesse?
¿Dónde hay por aquí 1/una misa de tarde 2/una misa de mañana?

Gibt es hier so etwas wie eine Meditation?
¿Hay aquí algo así como una meditación?

Um wie viel Uhr findet 1/die Messe 2/ein Gebet/statt?
¿A qué hora se celebra 1/la misa 2/el rezo?

Wo befindet sich hier eine Darstellung des Heiligen Jakobus?
¿Dónde puedo encontrar una representación del Apóstol Santiago?

Welcher Baustil ist 1/das 2/diese Kirche?
¿De qué estilo es 1/esto 2/esta iglesia?

Ich kann die Lesung auf Deutsch übernehmen.
Yo puedo hacer la lectura en alemán.

Der Friede sein mit dir.
La paz sea contigo.

Bete bitte für 1/mich 2/uns.
Por favor, reza por 1/mi 2/nosotros.

Könnten Sie 1/mich 2/uns/bitte segnen?
Por favor, ¿1/me puede 2/nos puede bendecir?

Es hat 1/mich 2/uns/sehr gefreut, heute ein Teil Ihrer lieben Gemeinde sein zu dürfen.
1/Me 2/Nos/ha alegrado mucho poder formar parte de su amable comunidad por un día.

Ich werde den Heiligen Jakobus für 1/dich 2/Sie/in Santiago umarmen.
Abrazararé al apóstol por 1/ti 2/usted/en Santiago.

Wortschatz Religion und Kirche

Abendgebet - *rezo de noche*	Glocke - *reloj*
Atheist - *ateo*	Gott - *Dios*
Barock - *barroco*	Hochzeit - *boda*
Beerdigung - *entierro*	Hölle - *infierno*
Beichte - *confesión* (f)	Gotik - *gótico*
Buddhist - *budismo*	Jakobus - *Santiago*
Christ - *cristiano*	Jude - *judío*
Engel - *ángel*	Kapelle - *capilla*
Gebet - *rezo*	Karwoche - *semana santa*
Gelübde - *promesa*	Kathedrale - *catedral* (f)
Gemeinde - *comunidad* (f)	Kerze - *vela*

Kirche - *iglesia*	Pfingsten - *pentecostés*
Kirchengemeinde - *parroquía*	Pilger - *peregrino*
Kloster - *monasterio*	Priester - *cura*
Kommunion - *comulgar*	Renaissance - *renacimiento*
Kreuz - *cruz* (f)	Religion - *religión* (f)
Kreuzgang - *claustro*	Romanik - *románico*
Messe - *misa*	Rosenkranz - *rosario*
Mönch - *monje*	Seele - *alma* (m)
Muslim - *musulmán*	Segen - *bendición* (f)
Nachtgebet - *rezo de noche*	Spende - *donativo*
Nonne - *monja*	Taufe - *bautismo*
Ostern - *pascua*	Weihnachten - *navidad* (f)

Das Vater Unser - el Padre Nuestro

Padre Nuestro que estás en los cielos
santificado sea tu nombre
venga a nosotros tu reino
hágase tu voluntad así
en la tierra como en el cielo
dános hoy el pan nuestro de cada día
y perdónanos nuestras ofensas
como también nosotros perdonamos a quienes nos ofenden
no nos dejes caer en tentación
y líbranos del mal
porque tuyo es el reino
el poder y la gloria
por los siglos de los siglos
amén.

Mit dem Rad unterwegs

Kann ich mein Rad hier mitnehmen?
¿Puedo llevarme mi bici(cleta) de aquí?

Muss ich mein Rad verpacken?
¿Tengo que empaquetar mi bicicleta?

Wo kann ich eine stabile/n 1/Plastikfolie 2/Karton/bekommen, um mein Rad zu verpacken?
¿Dónde puedo conseguir un 1/plástico 2/cartón/estable para empaquetar mi bicicleta?

Wo finde ich ein Fahrradgeschäft, (das Räder ins Ausland verschickt)?
¿Dónde puedo encontrar una tienda de bicicletas, (que envíe bicicletas al extranjero)?

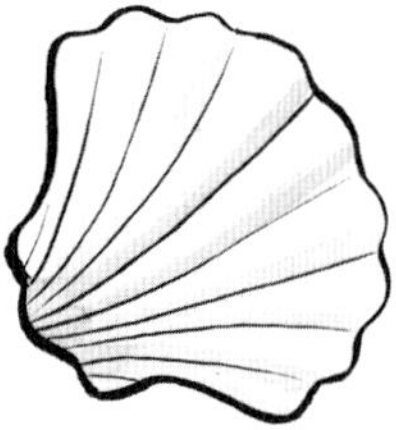

Verschickt ihr Räder nach Deutschland?
¿Envían bicicletas a Alemania?

Was kostet der Transport des Rades?
¿Cuánto cuesta el transporte de la bici?

Ich mache den Weg mit dem Rad.
Hago el camino con la bici.

Dürfte ich bitte vorbei?
Por favor, ¿puedo pasar?

Toleranz bitte! Radpilger sind auch Pilger!
Por favor, un poco de respeto, ¡los ciclistas también son peregrinos!

Ist der folgende Weg bis ... mit dem 1/Tourenrad 2/Montainbike/passierbar?
¿El próximo camino es transitable con 1/la bici de carreras 2/la bici de montaña?

Nehmt ihr auch Radpilger auf?
¿También cogéis peregrinos que van en bicicleta?

Wo kann ich mein Rad abstellen?
¿Dónde puedo dejar mi bici?

Steht mein Rad hier sicher?
¿Está segura mi bicicleta aquí?

Ich habe einen Platten.
He pinchado.

Scheiß Gelumpe!
¡Mierda de cacharro!

Wo finde ich eine (Rad-)Werkstatt?
¿Dónde puedo encontrar un taller (de bicicletas)?

Kannst du das reparieren?
¿Puedes arreglar esto?

Wie lange dauert das?
¿Cuánto tiempo va a tardar?

Das lohnt sich nicht mehr! Wo ist der nächste Schrottplatz?
¡Ya no vale la pena! ¿Dónde está el desguace más próximo?

Bremse - *freno*	Pedale - *pedal*
Bremsklotz - *zapata de freno*	Rad - *rueda*
Fahrrad - *bici(cleta)* (f)	Radhändler - *vendedor de bicis*
Flickzeug - *parche*	Ritzel - *piñón*
Gang - *marcha*	Schloss - *candado*
Helm - *casco*	Sattel - *sillín*
Kette - *cadena*	Satteltaschen - *alforja/maletín*
Lampe - *lámpara*	Schlauch - *manguera*
Lenker - *manillar*	Schraubenschlüssel - *llave* (f)
Luftpumpe - *bombín*	Schraubenzieher - *desatornillador*
Öl - *aceite*	Werkzeug - *herramienta(s)*
Panne - *pinchazo*	Zähler - *cuentakilómetros*

Mit einer Reisegesellschaft unterwegs

☺ Wenn Sie sich im Hotel als das Mitglied einer bestimmten Reisegruppe zu erkennen geben wollen, so ist es weniger sinnvoll, hier den Namen des Reiseleiters oder der deutschen Reisegesellschaft (z.B. Viator oder Vuelta) zu nennen, da beide eher selten vor Ort bekannt sind. Am besten beziehen Sie sich auf die Nationalität Ihrer Gruppe oder den Namen der spanischen Agentur (z.B. Viajes Orbis oder Tee-Travel), welche vor Ort die Reservierungen für Ihren Reiseveranstalter getätigt hat. Fragen Sie bei Beginn der Reise daher unbedingt nach dem Namen der Agentur und notieren Sie sich diesen und die volle Telefonnummer Ihres Reiseleiters auf der Adressenliste der Hotels, welche Sie ständig mit sich führen.

☺ Die Übersetzung des folg. Textes können Sie Ihren Helfer lesen lassen:

Entschuldigen Sie, ich habe meine Reisegruppe verloren und muss diese wiederfinden. Könnten Sie mir bitte helfen, meinen Reiseleiter anzurufen? Ich werde Ihnen natürlich die entstandenen Unkosten erstatten. Seine vollständige internationale Nummer lautet wie folgt: ...

Perdone, he perdido a mi grupo y tengo que encontrarlo de nuevo. Por favor, me puede ayudar y llamar a mi guía. Por supuesto que le voy a pagar los gastos generados. Su número internacional completo es como sigue: ...

Bitte rufen Sie mir ein Taxi.
Por favor, llámeme un taxi.

Bitte bringen Sie mich zu dem folgenden 1/Hotel 2/Ort ...
Por favor, lléveme 1/al hotel 2/a ...

Ist hier eine deutsche Reisegruppe (der Agentur ...) angekommen?
¿Ha llegado aquí un grupo de alemanes (de la agencia ...)?

1/Wo 2/In welchem Zimmer/finde ich den Reiseleiter der Gruppe von ...?
¿1/Dónde 2/En qué habitación/puedo encontrar al guía del grupo de ...?

Ich gehöre zu der (deutschen) Reisegruppe der Reisegesellschaft ... und möchte mein Zimmer beziehen. Mein Name ist ...
Pertenezco al grupo (de alemanes) del ... y me gustaría ir a mi cuarto. Me llamo ...

Wo finde ich meinen Koffer?
¿Dónde puedo encontrar mi maleta?

Bitte benachrichtigen Sie meinen Reiseleiter, dass ich gut angekommen bin. (Seine volle internationale Nummer lautet wie folgt:)
Por favor dígale al guía de mi grupo, que ya estoy aquí cuando el llegue.
(Su número internacional es como le detallo a continuación:)

Sagen Sie mir bitte Bescheid, wenn die Reisegruppe der Firma ... eintrifft.
Por favor, dígame cuando llegue el grupo de la agencia ...

Bitte sagen Sie dem Reiseleiter meiner Gruppe Bescheid, dass ich schon da bin, wenn er kommt.
Por favor, dígale al guía de mi, que ya he llegado cuando el llegue.

Welcher Tisch ist für die Reisegruppe von ... reserviert?
¿Qué mesa está reservada para el grupo de ...?

Ab wann können die Teilnehmer der Reisegruppe von ... hier essen?
¿A partir de qué hora pueden los participantes del grupo ... comer?

Ist dies der Bus für die Reisegruppe von ...?
¿Es éste el bus para el grupo de ...?

Ich möchte vom Zimmer telefonieren, bitte schalten Sie mein Telefon frei.
Quiero llamar desde mi habitación, por favor libere el teléfono.

Was kostet ein Telefonat vom Zimmer aus?
¿Cuánto cuesta una llamada desde la habitación?

Ich muss noch meine 1/Telefonrechung 2/Getränkerechung/bezahlen. Meine Zimmernummer lautet ...
Aún tengo que pagar mi 1/factura de teléfono 2/las bebidas/. Mi número de habitación es ...

Gesundheit und Notfall

Notfall

Hilfe!
¡Ayuda!

Feuer!
¡Fuego!

Dies ist ein Notfall, bitte rufen Sie eine Ambulanz.
Esto es una emergencia, por favor llame a una ambulancia.

Ist ein Arzt hier?
¿Hay un médico aquí?

Ich bin Arzt und kann helfen.
Yo soy médico y puedo ayudar.

Kann jemand Erste Hilfe leisten?
¿Alguien puede dar los primeros auxilios?

Es ist vermutlich ein 1/Herzinfarkt 2/Schlaganfall 3/Epileptischer Anfall 4/Diabetischer Schock 5/Kreislaufkollaps.
Parece que es 1/un infarto 2/un ataque de apoplejía 3/un ataque epiléptico 4/un ataque diabético 5/un colapso cardiovascular.

Ist ein 1/Verkehrsunfall 2/Insektenstich 3/Schlangenbiss 4/Badeunfall.
Es un 1/accidente de tráfico 2/una picadura de insecto 3/una mordedura de serpiente 4/un accidente nadando.

Der Betroffene ist bewusstlos.
El afectado está inconsciente.

Es besteht Lebensgefahr.
Hay riesgo de muerte.

Es geschah vor ca. ... Minuten.
Sucedió hace ... minutos.

Es gibt ... Verletzte.
Hay ... heridos.

Wir befinden uns 1/in ... 2/... km nach ... 3/... km vor ...
Estamos 1/en ... 2/.. kilómetros despues de ... 3/... kilómetros antes de ...

Können wir mit jemandem reden, der deutsch (oder englisch) spricht?
¿Podemos hablar con alguien, que entienda alemán (o inglés)?

Beim Arzt

☺ In Spanien geht man gewöhnlich nicht zu einem niedergelassenen Hausarzt, sondern in ein öffentliches Gesundheitszentrum, wo man an einen dort diensthabenden Arzt weiterverwiesen wird. Auch beim Roten Kreuz wird man evtl. bereit sein, Ihnen weiterzuhelfen. Ob Sie hier jedoch immer auf eine kompetente Hilfe hoffen dürfen, ist dabei fraglich. Die Behandlung von Pilgern erfolgt bei den üblichen Pilgererkrankungen oft unentgeltlich.

Weg zum Arzt

Bitte bringen Sie mich zum nächsten Gesundheitszentrum.
Por favor, lléveme al centro de salud más cercano.

Wo ist hier ein Gesundheitszentrum (eine Rotkreuzstation)?
¿Dónde hay por aquí un centro de salud (un centro de la cruz roja)?

Wann kann ich einen Termin bekommen?
¿Cuándo me pueden dar cita?

Wann öffnen Sie?
¿A qué hora abren?

Hier ist meine Versicherungskarte.
Esta es mi tarjeta sanitaria.

Sind Sie Arzt?
¿Es usted médico?

Danke für Ihre Hilfe, aber ich will (noch) einen Arzt konsultieren.
Gracias por su ayuda, pero (todavía) quiero consultar a un médico.

Diagnose

Es ist vermutlich diese Erkrankung ...
Presumiblemente se trata de ...

Ich leide chronisch an ...
Padezco de ... crónico/a

Es tut hier weh.
Me duele aquí.

Diese Bewegung tut weh.
Este movimiento me duele.

Ich habe seit ... Tagen dieses Problem.
Tengo este problema desde hace ... días.

Ich habe sehr starke Schmerzen (und möchte bitte ein Schmerzmittel).
Tengo dolores muy fuertes (por favor, déme 1/algo para el dolor 2/un analgésico).

Ich habe Folgendes gegessen: ...
He comido ésto: ...

Ich hoffe, Sie können zaubern!
¡Espero que haga milagros!

1/Atmen Sie! 2/Husten Sie!
¡1/Respire! ¡2/Tosa!

Bitte deuten Sie auf der Liste unten auf das Wort, das Ihrer Diagnose am ehesten entspricht (☞ ab Seite 101).
Por favor, señale en la lista la palabra que se corresponda más con lo que tiene.

Therapie

Ich habe dieses Medikament bereits ... mal angewendet.
He tomado este medicamento ... veces.

Nach der Anwendung dieses Medikamentes ist 1/eine 2/keine/Besserung eingetreten.
Después de tomar este medicamento 1/he 2/no he/notado mejoría.

Ich schreibe Ihnen hier meine Blutgruppe auf.
Le voy a apuntar aquí mi grupo sanguíneo.

Ich bin Bluter.
Soy hemofílico.

Ich habe eine Allergie gegen 1/Penizillin 2/folgendes Medikament ... 3/folgende Substanzen ...
Tengo alergia a 1/la penicilina 2/los siguientes medicamentos, ... 3/a estas sustancias ...

Bitte verschreiben Sie das folgende Medikament: ...
Por favor, recéteme el siguiente medicamento: ...

Bitte verschreiben Sie mir ein Medikament gegen ...
Por favor, recéteme un medicamente contra ...

Wie oft, wann und wie lange muss ich das nehmen?
¿Cuántas veces, cuándo y durante cuánto tiempo tengo que tomar ésto?

(Wie lange) muss ich pausieren?
¿(Cuanto tiempo) tengo que parar?

Wie weit darf ich am Tag laufen?
¿Cuánto puedo andar cada día?

Bitte geben Sie mir die Adresse eines Spezialisten für diese Erkrankung.
Por favor, déme la dirección de un especialista para esta enfermedad.

Heute geht es mir 1/besser 2/schlechter.
Hoy me va 1/mejor 2/peor.

Ich bin wieder gesund.
Vuelvo a estar sano.

In der Apotheke

☞ Siehe auch Das Wörterbuch zu den Medikamenten Seite 104

Wo finde ich hier eine Apotheke?
¿Dónde puedo encontrar aquí una farmacia?

Bitte geben Sie mir 1/ein Medikament 2/ein Wundermittel/gegen ...
Por favor, déme 1/un medicamento 2/algo milagroso/contra ...

Glauben Sie, dass dieses Medikament hilft, oder muss ich mir etwas verschreiben lassen?
¿Cree que este medicamento ayuda o es mejor que me deje recetar algo?

Bitte geben Sie mir 1/dieses Rezept 2/dieses Medikament.
Por favor, déme 1/esta receta 2/este medicamento.

Haben Sie ein günstigeres Medikament?
¿Tiene un medicamento más barato?

Haben Sie eine 1/kleinere 2/größere/Packung?
¿Tiene embases 1/más pequeños 27más grandes?

Wie oft, wann und wie lange muss ich das nehmen?
¿Cuántas veces, cuándo y durante cuánto tiempo tengo que tomar ésto?

☺ In Spanien bekommen Sie viele Medikamente wesentlich günstiger als in Deutschland, weshalb es sich nicht selten lohnt, sich vor der Abfahrt nach Deutschland evtl. etwas mit gebräuchlichen Medikamenten wie Voltaren oder Aspirin einzudecken. Die Medikamente tragen jedoch oft andere Namen und deshalb ist das Auffinden des richtigen Präparates oft nicht ganz einfach. Einige Medikamente, die nicht einfach zu umschreiben sind, werden hier deshalb näher beschrieben:

Bei den Produkten "*Superoral Casen*" und "*Tensoplast*" handelt es sich um Produkte, die in Deutschland aber kaum bekannt sind. Oft ist auch das Mitbringen der Verpackung eines ähnlichen deutschen Medikamentes, mit den dort vermerkten Inhaltsstoffen hilfreich. Persönliche Medikamente sollten Sie aber grundsätzlich in ausreichender Menge mit auf den Pilgerweg nehmen.

Wörterbuch Gesundheit

Allgemeines

Arzt - *médico*	Krankheit - *enfermedad* (f)
Atmung - *respiración*	Puls - *pulso*
Fieber - *fiebre* (f)	Rotes Kreuz - *cruz roja* (f)
Gift - *veneno*	Schmerz - *dolor*
Impfung - *vacuna*	Verletzung - *herida*
Krankenhaus - *hospital*	Versicherung - *seguro*
Gesundheitszentrum - *centro de salud*	Zahnarzt - *dentista*

Chronische Erkrankungen

☞ Siehe auch Unfall und akutes Anfallsleiden Seite 95

Aids - *SIDA* (m)	Krebs - *cáncer*
Asthma - *asma*	Leukämie - *leucemia*
Arthrose - *artrosis* (f)	Migräne - *migrañas*
Blutarmut - *anemia*	niedriger Blutdruck - *tensión baja* (f)
Diabetes - *diabetes* (f)	Nierensteine - *piedra en el riñón*
Epilepsie - *epilepsia*	Rheuma - *reumatismo*
Gallensteine - *cálculo biliar*	Rückenschm. - *dolores de espalda*
Herzfehler - *lesión cardíaca* (m)	Schwindel - *mareo*
Hypertonie - *hipertensión* (f)	Sodbrennen - *ardor de estómago*

Typische Pilgererkrankungen

Achillessehnenanriss - *herida en el talón de aquiles*
Achillessehnenentzündung - *infección en el talón de aquiles* (f)
Alkoholvergiftung - *intoxicación etílica* (f)
Bänderriss - *rotura de ligamentos*
Bänderzerrung - *torceduira de ligamentos*
Bandscheibenvorfall - *intervertebral*
Blutvergiftung - *septicemia*

Durchfall - *diarrea*
Erbrechen - *vómito*
Erfrierung - *congelación* (f)
Erkältung - *resfriado*
Ermüdungsbruch - *rotura*
Erschöpfung - *cansancio*
Faulheit - *vagancia*
Fieber - *fiebre* (f)
Fußblasen - *ampolla*
Fußpilz - *micosis de los pies* (f)
Gehirnerschütterung - *conmoción cerebral* (f)
Grippe - *gripe* (f)
Hitzschlag - *golpe de calor*
Hundebiss - *mordedura de perro*
Husten - *tos* (f)
Infektion - *infección* (f)
Knorpelverletzung - *herida en el cartílago*
Knochenbruch - *fractura/rotura de hueso*
Knochenhautentzündung - *la periositis*
Lebensmittelvergiftung - *intoxicación alimenticia*
Magen- und Darminfektion - *gastroenteritis* (f)
Meniskusverletzung - *herida en el menisco*
Muskelriss - *rotura de músculo*
Muskel- und Sehnenentzündung - *tendinitis*
Muskelkater - *agujetas*
Muskelzerrung - *torcedura de músculo*
Schmerz - *dolor*
Seitenstechen - *dolor punzante en el costado*
Sonnenbrand - *quemadura*
Sonnenstich - *insolación* (f)
Übelkeit - mareo - *náuseas*
Überlastung des ... - *sobrecarga de ...*
Verstauchung - *esguince*
Verstopfung - *estreñimiento*
Wunde - *herida*

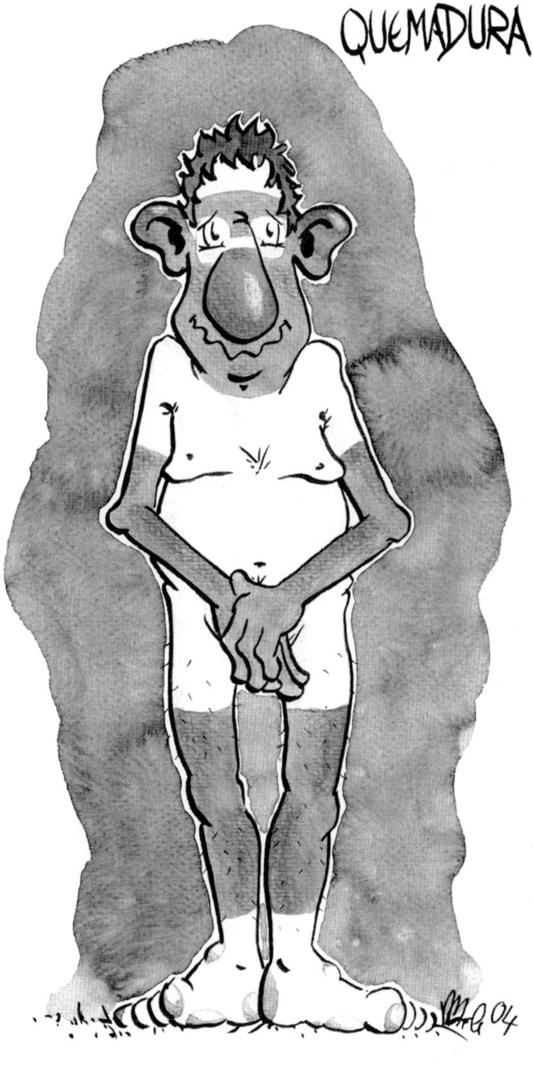
QUEMADURA

Psychische Probleme und Erkankung

Angst - *miedo* Klaustrophobie - *claustrofobia* Phobie gegen ... - *fobia a ...* Liebeskummer - *mal de amores*	Schlafmangel - *insomnio* Neurose - *neurosis* Depression - depresión (f) Schizophrenie - *esquizofrenia*

Medikamente und anderes

Bandage - *vendaje* (f) Binde - *venda* Creme gegen ... - *crema contra ...* Desinfektionsm. - *desinfectante* Kondom - *condón* Leukoplast o.Ä. - *omiplast* Medikament - *medicamento*	Oropax - *tapón para el oído* Pille (f. Verhütung) - *píldora* Pillen gegen ... - *pastilla contra* Spritze - *infección* (f) Waage - *pesa* Wundpflaster - *tirita* Wundsalbe - *ungüento vulnerario*
breites Tape gegen Blasen usw. - *Tensoplast* Entzündungshemmer - *antiinflamatorio (Voltaren)* Mineralpräparat gegen Salzverlust nach Durchfall - *Superoral Casen* Kontaktlinsenpflegemittel - *líquido para lentilla* Vitamintabletten - *complejo vitamínico*	

In Santiago

Herzlichen Glückwunsch! (Lass Dich umarmen!)
¡Felicidades! (¡Dame un abrazo¡)

Könntest du bitte ein Foto machen?
Por favor, ¿puedes hacer una foto?

... ist (schon) in Santiago angekommen.
... (ya) ha llegado a Santiago.

1/Habt ihr 1/hast du/das Weihrauchfass gesehen?
¿1/Habéis 2/Has/visto el botafumeiro?

Sollen wir gemeinsam die Compostela abholen?
¿Quieres que vayamos juntos a buscar la Compostela?

Ja, ich bin die letzten 100 km gelaufen.
Si, he andado los últimos cien kilómetros.

☺ Die Übersetzung der Compostela finden Sie unter:
www.camino-de-santiago.de/messe.html

Könnte ich bitte ein Rohr haben?
¿Por favor, ¿me puede dar un tubo?

Heute abend machen wir ein Fest!
¡Hoy por la noche hacemos una fiesta!

Ich 1/laufe 2/fahre morgen nach Finisterre.
Mañana 1/camino 2/voy en coche a Finisterre.

Ich fliege 1/morgen 2/übermorgen 3/am .../nach Hause.
Vuelo 1/mañana 2/pasado mañana 3/el .../a casa.

Abschied

Bitte gib mir deine 1/Adresse 2/E-Mail 3/Telefonnummer.
Por favor, dame tu 1/dirección 2/e-mail 3/número de teléfono.

Schreib mir mal (oder ruf mich mal an).
Escríbeme alguna vez (o llámame).

Ich lade dich ein, mich zu besuchen.
Te invito a visitarme.

Danke für deine Freundschaft.
Gracias por tu amistad.

Die Begegnung mit 1/dir 2/Ihnen/war ein großes Geschenk.
El encuentro 1/contigo 2/con usted/ha sido un gran regalo.

Ich wünsche dir alles Gute für deinen weiteren Lebensweg.
Te deseo todo lo mejor para el resto de tu vida.

Bitte vergiss mich nicht.
Por favor, no me olvides.

Ich werde dich nie vergessen.
No te olvidaré nunca.

Gute Reise!
¡Buen viaje!

Geh mit Gott!
¡Ve con dios!

Kleiner internationaler Sprachführer

Sicher werden Sie sich auf dem Weg mit Ihren Pilgerbrüdern aus aller Welt und den Menschen am Wegrand meist per Zeichensprache, auf Englisch oder vielleicht mit Hilfe dieses Führers sogar schon ein bisschen auf Spanisch verständigen können. Noch besser kommt es aber sicher an, wenn Sie diesen mit einigen wenigen Worten aus deren Heimatsprache oder Dialekt freundliches Entgegenkommen signalisieren, eine kleine Freude machen oder gelegentlich für Erheiterung sorgen.

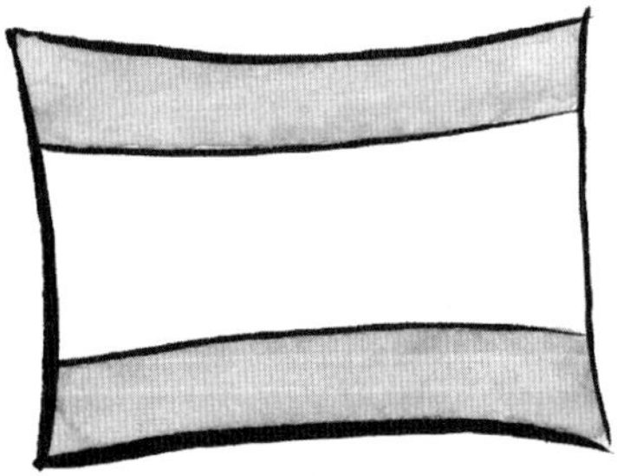

Stellen Sie sich doch nur mal vor, wie gut es Ihnen tun würde, wenn man Ihnen, genau dann, wenn Sie zerstört am Boden liegen, in Ihrer eigenen Muttersprache Mut zuspricht. Wie wird man sich erst darüber freuen, wenn Sie sich stotternd darum bemühen, Ihrem Pilgerbruder oder Pilgerschwester für das köstliche selbst gekochte Pilgermenü zu danken. Und wie überrascht wird erst ein Engländer, Amerikaner, Portugiese, Franzose oder Niederländer sein, wenn Sie plötzlich mit einer passenden bekannten Redensart aus seiner Heimat aufwarten.

Auch ein Baske und Galicier freut sich sicher darüber, wenn Sie sein Dorf in seiner Heimatsprache loben oder ihnen in den gewohnten Worten zuprosten, denn diese sind normalerweise sehr stolz auf ihre eigene Kultur und bemühen sich manchmal nur widerwillig des Kastilischen, der Amtssprache Spaniens.

Nur wenige Worte im richtigen Moment gesprochen können das Eis zwischen Ihnen und den Menschen auf und entlang dem Weg brechen, eine Brücke schlagen und ein Herz für Sie gewinnen.

Hier nun einige Wörter und Ausdrücke als kleine Bereicherung für den gemeinsamen Weg mit Ihren lieben Pilgerfreunden aus aller Welt und auch als kleine Wertschätzung für Ihre Gastgeber im Baskenland und Galicien.

Baskisch - Euskadi

Die Baskische Sprache ist keine romanische Sprache und daher auch nicht annähernd mit dem Kastilischen verwandt. Auch ein Grund, warum es im Baskenland vielseitige Bestrebungen zur Förderung der kulturellen Identität und Eigenständigkeit gibt.

Glücklicherweise ist aber die **Aussprache** der Worte ähnlich wie im Kastilischen. Das einzige, was Sie wissen müssen, ist, dass das "x" wie ein "sch" und das "tz" wie ein "s" ausgesprochen wird. Auch ist im Baskenland Fremden gegenüber die Höflichkeitsform "Sie" gebräuchlich, was aber keinesfalls bedeuten soll, dass man hier reservierter ist.

Grundwörter, Begrüßungen, Wünsche, Flüche und Schmeicheleien

Ja - *Bai*	Guten Tag - *Egun on*
Nein - *Ez*	Gute Nacht - *Gabon*
Bitte - Mesedez	Prost! - *On egin!*
Danke - *Eskerrik asko*	Scheiße! - *Kaka zaharra!*
Entschuldigung - *Barkatu*	Auf Wiedersehen! - *Agur!*

Haben Sie bitte etwas zu trinken?
Edateko zerbait ba al duzu?

Ich sterbe vor Hunger!
Gosez amorratzen nago!

Ihre Heimat ist ein wunderschöner Ort.
Zure aberria zoragarria da.

Sie sind ein Engel!
Aingerua zara!

Ich liebe das Baskenland und seine Menschen.
Euskal Herria eta bere jendea maite dut.

Für Sie! (Geschenk)
Tori, hau zuretzat da!

Danke für Ihre Gastfreudschaft!
Eskerrik asko hain ondo hartzeagatik!

Danke für das gute Essen!
Eskerrik asko janari goxoagatik!

Ich liebe dich!
Maite zaitut!

Gott segne dich!
Jainkoak benedika zaitzala!

Galicisch - Gallego

Die galicische Sprache ist eine romanische Sprache, die je nach Region aber sehr variiert und oft dem Portugiesischen sehr verwandt ist. Hier einige Wörter und Ausdrücke, mit deren Gebrauch Sie Ihren Gastgebern vor Ort eine kleine Freude machen können.

Grundwörter, Begrüßungen, Wünsche, Flüche u. Schmeicheleien

Ja - *Si*	Guten Weg! - *¡Bon camiño!*
Nein - *Non*	Guten Appetit! - *¡Que aproveite!*
Danke - *Graciñas*	Durst! - *¡Sede!*
Bitte - *Por favor*	Hunger! - *¡Fame!*
Entschuldigung - *Perdoe*	Prost! - *¡Saúde!*
Guten Tag - *Bos días*	Scheiße! - *¡Merda!*
Gute Nacht - *Boas noites*	Auf Wiedersehen! - *Vémonos*

1/Ihre 2/deine/Heimat ist wunderschön.
1/O teu 2/O seu/país é un lugar moi bonito.

Ich liebe Galicien und seine Menschen.
Amo Galicia e a súa xente.

1/Du bist 2/Sie sind/ein Engel!
¡1/Ti es 2/Vóstede é un anxo!

Danke für 1/das köstliche Essen 2/die Gastfreundschaft.
Moitas gracias 1/pola deliciosa comida 2/pola súa amabilidade.

Bitte bring mir eine Portion Tintenfisch (und einen halben Liter Weißwein).
Por favor, traiame unha ración de pulpo (e medio litro de viño).

Nimm, für dich! (Geschenk)
¡Toma, para ti !

Diese Queimada ist hervorragend!
¡Esta queimada está moi ben!

Ich liebe dich!
¡Quérote!

Gott segne dich!
¡Deus te bendiga!

Damit Sie auch Ihre Pilgerbrüder und -schwestern aus aller Welt etwas beeindrucken und ihnen Freude schenken können, folgen nun noch einige Wörter und Ausdrücke auf Englisch, Portugiesiesch, Italienisch und Niederländisch. Da sich bei diesen aber Schreibweise und **Aussprache** für unsere deutssprachige Gewohnheit sehr unterscheiden, wurde hinter bzw. unter den Worten und Sätzen die einfache Schreibweise in [**eckigen Klammern**] eingefügt, so dass wir die Worte auch ohne Vorkenntnisse sprechen können. Sprachinsider wird diese Schreibweise sicher etwas erheitern.

Englisch

☺ Wenngleich sicher die meisten Pilger heute ein paar Brocken Englisch sprechen - hier einige Hilfen für Nichtenglischsprachige. Erfreulicherweise gibt es im Englischen keinen Unterschied zwischen Du und Sie.

Grundwörter, Begrüßungen, Wünsche und Zuspruch

Ja - *Yes [jes]*
Nein - *No [nou]*
Danke - *Thanks [sänks]*
Gern geschehen - *You're welcome [jur welkom]*
Entschuldigung - *Excuse me [exkijus mi]*
Guten Tag - *Good morning [gud morning]*
Gute Nacht - *Goodnight [gud neit]*
Guten Weg! - *Enjoy your walk! [entscheu jur wolk]*
Guten Appetit! - *Enjoy your meal! [entscheu jur miel]*
Prost! - *Cheers! [tschiers]*
Weiter geht's! - *Let's get going! [lets get going]*
Wird schon wieder! - *It will be fine! [it wil bi fein]*
Auf Wiedersehen! - *Good-bye [gud bei]*
Gott segne dich - *God bless you [god bles ju]*

Schönes und Unerfreuliches

Wunderbar (z.B. Landschaft)!
Beautiful!
[bijutiful]

Gut, köstlich (z.B. Essen)!
Delicious!
[delischas]

Welch wunderschöner Morgen/Tag!
What a beautiful morning/day!
[wat a bijutiful morning/de-i]

Du bist ein Engel!
You are an angel!
[ju ar en einschal]

Das Leben ist wunderschön!
Life is wonderful!
[leif is wonderfol]

Du armes Schwein!
You poor bugger!
[ju pur bager]

Scheiße!
Shit!
[schitt]

Scheiß 1/Wetter 2/Hitze!
Shitty 1/weather 2/Bloody hot!
[schitti 1/weter 2/bladi hot]

Durst!
Thirsty!
[sersti]

Hunger!
Hungry!
[hagnri]

Ruhe!
Be quiet!
[bi queiert]

Kontaktaufnahme und Weiteres

Darf ich dich zu einem/r 1/Bier 2/Kaffee 3/Cola 4/Abendessen/einladen?
May I offer you 1/a beer 2/a coffee 3/a coke 4/a dinner?
[me-i ei offer ju 1/a beer 2/a koffi 3/a kouk 4/a diner]

Danke für 1/das köstliche Essen 2/die freundliche Einladung.
Thanks for 1/the lovely meal 2/the kind invitation.
[tänks for te lafli miel 2/te keind inwitaischon]

Sollen wir 1/heute 2/morgen ein Stück zusammen gehen?
Shall we walk the next stretch together 1/today 2/tomorrow?
[schell we walk te next stretsch tugeter 1/tude-i 2/tumoro]

Du bist das Wunderbarste, was mir auf dem ganzen Weg begegnet ist!
You are the best thing, that has happened to me along the way!
[ju ar te best sing, that häs heppend zu mi along te we-I]

1/Ich liebe dich! 2/Vergiss mich bitte nicht!
1/I love you! 2/Please, don't forget me!
[1/i laf ju 2/blies dont forget mi]

Nimm, für Dich! (Geschenk)
This is for you!
[tis is for ju]

Redensarten für den Weg

☺ Auch wenn Sie bereits der englischen Sprache mächtig sind, könnte es sein, dass Sie diese Redensarten noch nicht kennen.

Selbst die längste Reise beginnt immer mit dem ersten Schritt.
The longest journey begins with a single step.
[te longest tschörni begins wit a singel step]

Langsam, aber stetig, so gewinnt man das Rennen.
Slow and steady wins the race.
[slouw änd sädi wins te reis]

Wo ein Wille ist, ist auch ein Weg.
Where there's a will, there's a way.
[wer ters a will, ters a we-i]

Auf Wolke sieben laufen.
Walking on cloud nine.
[walking on klaud nein].

Portugiesisch

Grundwörter, Begrüßungen, Wünsche und Zuspruch

Ja - *Sim [sing]*
Nein - *Não [nau]*
Danke - *Obrigado [obrigadu]*
Bitte - *Por favor [pur fawor]*
Entschuldigung - *Desculpe [döschkulp]*
Guten Tag (bis mittags) - *Bom dia [bong dia]*
Guten Tag (ab mittags) - *Boa tarde [boa tard]*
Gute Nacht - *Boa noite [boa noit]*
Guten Weg! - *Bom caminho! [bong kaminju]*
Guten Appetit! - *Bom apetite! [bong apötit]*
Prost! - *À tua saúde! [a tua saud]*
Es lebe Portugal! - *Viva Portugal! [wiwa portugal]*
Weiter geht's! - *Vamos lá! [wamusch la]*
Auf Wiedersehen! - *Adeus - [ade-usch]*
Gott segne dich - *Deus te abençoe - [de-usch tabenso]*
Gute Besserung! - *As melhoras! - [asch möljorasch]*

Entzücken

Welch wunderschöner Tag!
Que dia maravilhoso!
[k dia marawiljosu]

Wunderbar (Landschaft)!
Que maravilha!
[k marawilja]

Gut, köstlich! (z.B. Essen)
Bom, delicioso!
[bong, dölisiosu]

Du bist ein Engel!
És um anjo!
[äsch ung anschu]

Das Leben ist wunderschön!
A vida é maravilhosa!
[a wida ä marawiljosa]

Unerfreuliches

Scheiße!
Merda!
[märda]

Scheiß 1/Wetter 2/Hitze!
Que merda de 1/tempo! Que merda de 2/calor!
[k märda dö 1/tempu k märda dö 2/kalor]

Du armes Schwein (m/w)!
Coitado/a (m/w)!
[koitadu/a]

Ruhe!
Silêncio!
[silensi-u]

Ich habe Durst!
Tenho sede!
[tenju sed]

Ich habe Hunger!
Tenho fome!
[tenju fom]

Kontaktaufnahme und Weiteres

Darf ich dich zu einem 1/Bier 2/Kaffee 5/Abendessen einladen?
Posso convidar-te para 1/uma cerveja 2/um café 5/jantar?
[posu konwidart para 1/uma sörwescha 2/ung kafä 5/schantar]

Danke für 1/das köstliche Essen 2/die freundliche Einladung.
Obrigado 1/pela comida deliciosa 2/pelo bom convite.
[obrigadu 1/pela kumida dölisiosa 2/pelu bong konwit]

Sollen wir 1/heute 2/morgen ein Stück zusammen gehen?
Vamos caminhar 1/hoje 2/amanhã um trajecto juntos?
[wamusch kaminjar osch/amanjang ung traschätu schuntusch]

Du bist das Wunderbarste, was mir auf dem ganzen Weg begegnet ist!
Tu és a coisa mais maravilhosa que encontrei no meu caminho!
[tu äsch a koisa maisch marawiljosa kenkonträi nu me-u kaminju]

Ich liebe dich!
Amo-te!
[amut]

Vergiss mich bitte nicht!
Não te esqueças de mim!
[nau töskesasch dö ming]

Nimm, für dich!
É para ti!
[ä para ti]

Portugiesische Redensarten für den Weg

Der Weg geht immer nach vorne!
Pra frente é que é o caminho!
[pra frentä kä u kaminju]

Langsam, aber sicher.
Devagar se vai ao longe.
[döwagar s wai au lonsch]

Sich auf den Weg machen.
Pôr pés ao caminho.
[por päsch au kaminju]

Allein heißt nicht einsam.
Sózinho não é solitário.
[sossinju nau ä sulitari-u]

Italienisch

Grundwörter, Begrüßungen, Wünsche und Zuspruch

Ja - *Si [ßi]*
Nein - *No [no]*
Danke - *Grazie [grazje]*
Bitte - *Prego [prägo]*
Entschuldigung - *Scusa! [skusa]*
Guten Tag - *Buongiorno [buonschorno]*
Gute Nacht - *Buonanotte [buonanotte]*
Guten Weg! - *Buon cammino! [buon kammino]*
Guten Appetit! - *Buon appetito! [buon appetito]*
Prost! - *Salute! [salute]*
Es lebe Italien! - *Viva l'Italia! [wiwa l'Italia]*

Weiter geht's! - *Avanti! [awanti]*
Wird schon wieder! - *Ti rimetterai! [ti rimetterai]*
Auf Wiedersehen! - *Arrivederci [arriwedertschi]*
Gott segne dich - *Dio ti benedica [Dio ti benedika]*

Entzücken

Welch wunderschöner 1/Morgen 2/Tag!
Che bella 1/mattinata 2/giornata!
[ke bella mattinata/dschornata!]

Gut, köstlich! (z.B. Essen)
Buono, delizioso!
[buono, delizioso!]

Du bist ein Engel!
Sei un tesoro!
[sej un tesoro!]

Das Leben ist wunderschön!
La vita é bella!
[la wita e bella!]

Unerfreuliches

Scheiße!
Merda!
[merda]

Du armer Teufel!
Povero diavolo!
[powero diawolo]

Scheiß Wetter!
Che tempo di merda!
[ke tempo di merda!]

Scheiß Hitze!
Che caldo soffocante!
[ke kaldo soffokante]

Durst!
Che sete!
[ke sehte]

Hunger!
Che fame!
[ke fame]

Ruhe!
Silenzio!
silenzjo

Kontaktaufnahme und Weiteres

Darf ich dich (euch) zu einem 1/Bier 2/Kaffee 3/Abendessen/einladen?
Ti (vi) posso invitare per 1/una birra 2/un caffè 3/cena?
[ti (wi) posso inwitare per 1/una birra 2/un caffe 3/tschena?]

Danke für 1/das köstliche Essen 2/die freundliche Einladung.
Grazie per 1/il cibo delizioso 2/per il cordiale invito.
[grazje 1/per il tschibo delizjoso 2/per il kordiale inwito]

Sollen wir 1/heute 2/morgen ein Stück zusammen gehen?
Perché non camminiamo insieme per un tratto 1/oggi 2/domani?
[perke non kamminiamo insijeme per un tratto 1/odschi 2/domani?]

Du bist das Wunderbarste, was mir auf dem ganzen Weg begegnet ist!
Tu sei la cosa più bella che ho incontrato nel corso dell'intero cammino!
[tu sej la kosa piu bella ke o inkontrato nel korso dell intero kammino!]

Ich liebe dich!
Ti amo!
[ti amo]

Vergiss mich bitte nicht!
Non dimenticarmi!
[non dimentikarmi!]

Für dich!
Per te!
[per te]

Redensarten für den Weg

Wer gut beginnt ist halb am Ziel.
Chi ben comincia è a metà dell'opera.
[ki ben komintscha e a meta dell opera]

Beharrlichkeit führt zum Ziel.
Chi la dura la vince.
[ki la dura la wintsche]

Wer nicht kommt zur rechten Zeit, bekommt das schlechte Bett.
Chi tardi arriva male alloggia.
[ki tardi arriwa male allodscha]

Du hast dir diese Suppe eingebrockt, jetzt musst du sie auch auslöffeln.
(Wörtl.: Du wolltest das Fahrrad, nun musst du weiter in die Pedalen treten.]
Hai voluto la bicicletta, adesso pedala.
[ei woluto la bitschikletta, adesso pedala]

Wir werden den Weg finden. Wenn nicht, werden wir uns den Weg bahnen.
Incontreremo un cammino; altrimenti lo creeremo. (Annibale)
[inkontreremo un kammino; altrimenti lo kre-eremo]

Kein Weg ist zu lang, wenn er zu einem Freund führt.
Non è mai lungo il cammino che porta a casa di un amico.
[non e mei lungo il kammino ke porta a kasa di un amiko]

Französisch

Grundwörter, Begrüßungen, Wünsche und Zuspruch

Ja - *Oui [wi]*	Gute Nacht! - *Bonne nuit [bonn nü]*
Nein - *Non [no]*	G. Appetit! - *Bon appétit! [bonn appetie]*
Danke - *Merci [mersie]*	Prost! - *A votre santé! [a wottre sontee]*
Bitte - *Je t'en prie - [sche to prie]*	Entschuldigung - *Pardon [pardo]*
Guten Tag - *Bonjour [boschur]*	Auf Wiedersehen! - *Au revoir [o rewar]*
Guten Weg! - *Bonne marche! [bonn marsch]*	
Es lebe Frankreich! - *Vive la France! [wif la frohs]*	
Weiter geht's! - *On y va! [on i wa]*	
Wird schon wieder! - *Ça va aller! [sa wa allee]*	
Gott segne dich - *Que Dieu te bénisse! [ke djö te beniss]*	

Entzücken

Welch wunderschöner 1/Morgen 2/Tag!
1/Quelle belle matinée! 2/Quel beau jour!
[1/käll bäll matinee] 2/käll bo schur]

Gut, köstlich!
Bon, délicieux!
[bo, delisjö]

Du bist ein Engel!
Tu es un ange!
[tü ä än oosch]

Das Leben ist wunderschön!
La vie est belle!
[la wie ä bäll]

Wunderbar!
Magnifique!
[manjifik]

Unerfreuliches

Scheiß Wetter!
Quel temps de merde!
[käll to de märd]

Du 1/armer Kerl 2/armes Mädchen!
1/Pauvre garçons! 2/Pauvre fille!
[1/pofr garso 2/pofr fieh]

Kontaktaufnahme und Weiteres

Darf ich dich zu einem 1/Bier 2/Kaffee 3/Essen/einladen?
Est-ce que je peux t'inviter à prendre 1/une bière 2/un café 3/un repas
[Äss ke sche pö täwietee a prondr 1 ün bjiär 2 ä kaffee 3 ä repa]

Danke für 1/das köstliche Esse/n 2/die freundliche Einladung.
Merci pour 1/le délicieux repas 2/l'aimable invitation.
[Mersie pur 1/lö delisjö repa 2 lämabl äwitasjio]

Sollen wir 1/heute 2/morgen ein Stück zusammen gehen?
Est-ce qu'on peut marcher ensemble 1/aujourd'hui 2/demain?
[Äss ko pö marschee osohbl oschurdwie/demäh]

Du bist das Wunderbarste, was mir auf dem ganzen Weg begegnet ist!
Tu es la personne la plus sympa que j'ai rencontrée au cours de ce pèlerinage.
[Tü ä la personn la plü sämpa ke schee rokontree o kur de se pälrinahsch.]

Ich liebe dich!
Je t'aime!
[Sche tähm]

Nimm, für dich! (Geschenk)
Tiens, ç'est pour toi!
[Tjä, sä pur twa]

Redensarten für den Weg

Aus einem Kinder- und Wanderlied:

Ein Kilometer zu Fuß nutzt ab. Ein Kilometer zu Fuß nutzt die Schuhe ab.
Un kilomètre à pied ça use, ça use. Un kilomètre à pied ça use les souliers.
[Ä kilomätr a pje sa ühs, sa ühs. Ä kilomätr a pje sa ühs, sa le sulie]

Mir tun die Füße weh. (wörtlich: Ich zähle nicht mehr meine Blasen.)
Je ne compte plus les ampoules.
[sche ne kont plü les ompuhl]

Niederländisch

Grundwörter, Begrüßungen, Wünsche und Zuspruch

Ja - *Ja [ja]*
Nein - *Nee [nej]*
Danke - *Bedankt [bödangt]*
Bitte - *Alsjeblieft [alscheblieft]*
Entschuldigung - *Neem me niet kwalijk [nehm mö niet kwahlök]*

Guten Tag - *Hallo [hallo]*
Schlaf gut - *Welterusten [welteröſten]*
Guten Weg! - *Goede reis! [chude rais]*
Guten Appetit! - *Eet smakelijk! [ait smakölök]*
Prost! - *Proost! [prost]*
Es lebe die Niederlande! - *Hup Nederland hup! [höpp Nederland höpp]*
Weiter geht's! - *We gaan weer verder! [wö chahn währ fäddor]*
Im Sinne von "Durchhalten"- *Volhouden hè [follhauden hä]*
Wird schon wieder! - *Het komt wel weer goed! [hätt kommt wäl währ chutt]*
Auf Wiedersehen! - *Tot ziens! [tott siens]*
Gott segne dich - *God zij met je [gott sai mätt jö]*

Schönes und Unerfreuliches

Welch wunderschöner 1/Morgen 2/Tag!
Wat een prachtige 1/ochtend 2/dag!
[watt ön pragtöchö 1/ochtönt 2/dach]

Gut, köstlich! (z.B Essen)
Lekker!
leckör

Du bist ein Engel!
Je bent een engel!
[jö bännt ön engöl]

Das Leben ist wunderschön!
Het leven is goed!
[hät lefen iss chud]

Du bist ein Pechvogel!
Je bent een pechvogel!
[jö bänt ön pechfochöl]

Durst!
Dorst!
[dorrst]

Hunger!
Honger!
[hongör]

Scheiß 1/Wetter 2/Hitze 3/Regen!
1/Rotweer 2/Rothitte 3/Rotregen!
[1/rottwehr 2/rotthittö 3/rottreechen]

Scheiße!
Shit!
[schitt]

Kontaktaufnahme und Weiteres

Darf ich dich (euch) zu einem/r 1/Bier 2/Kaffee 3/Cola einladen?
Mag ik je een 1/pilsje 2/koffie 3/cola aanbieden?
[mach ik jö on 1/pillsje 2/koffie 3/cola anbiedön?]

Du bist das Wunderbarste, was mir auf dem ganzen Weg begegnet ist!
Je bent het mooiste, dat me onderweg is overkomen!
[jö bennt het moistö, datt mö onderwäch is ohferkoomen]

Ich liebe dich!
Ik hou van jou!
[ik hau fan jau]

Vergiss mich bitte nicht!
Vergeet me alsjeblieft niet!
[ferchehit mö ascheblieft niet]

Nimm, für dich!
Alsjeblieft, voor jou!
[alscheblieft, for jau]

Redensarten für den Weg

☺ Es handelt sich hier um so etwas wie Mutmach-Slogans, die unsere fröhlichen Nachbarn aus den Niederlanden gerne beim Wandern vor sich hinsingen.

Wir sind fast da, aber noch nicht ganz.
We zijn er bijna, maar nog niet helemaal.
[wö sain er bainah, mahr noch niet helömahl]

Und vorläufig gehen wir noch nicht nach Hause.
En we gaan nog niet naar huis, nog lange niet.
[enn wö chahn noch niet nahr haous, noch lange niet]

Und verliere den Mut nicht!
En van je hele-hola houd er de moed maar in!
[en fan jö helah-hoola haut er dö mutt mahr in]

Index

☺ *Kursiv* gedruckte *Seitenzahlen* und *Wörter* im Index verweisen auf Sätze oder Abschnitte, in denen das genannte Wort gebraucht wird oder Kapitel innerhalb dieses Buches zu diesem Thema. Alle anderen Seitenzahlen verweisen auf Textseiten, auf denen sich eine direkte Übersetzung des Wortes findet.

A

B

Wir konnten es selbst kaum glauben ...

... aber der Conrad Stein Verlag ist zur Zeit der einzige Buchverlag in Deutschland, der konsequent klimaneutral produzieren und transportieren lässt.

Was bedeutet klimaneutral gedruckt?

Wir haben unsere Druckerei mit der klimafreundlichen Produktion beauftragt. Dabei wird nicht nur klimaneutral, sondern auch nachhaltig, d.h. so umweltschonend wie möglich produziert. Dafür sorgen die Druckerei mit eigenen Klimaschutzbestrebungen und wir durch die Auswahl umweltfreundlicher Materialien und Papieren.

Die von uns beauftragte Druckerei berechnet mit einem auf den Druckereibetrieb angepassten CO_2-Rechner die Emissionen, die durch die Fertigung des Druckauftrags entstehen. Papier, Farben, Lacke, Klebstoffe und der Betrieb von Maschinen verursachen beispielsweise das klimaschädliche Treibhausgas Kohlendioxid. Im Anschluss an die Berechnung werden Emissionsminderungszertifkate aus anerkannten Klimaschutzprojekten in Höhe des berechneten Emissionsausstoßes gekauft und stillgelegt bzw. gelöscht. Dieser Prozess wird durch die Kriterien des Kyoto-Protokolls geregelt. Ist dieser Prozess abgeschlossen, wird die Drucksache mit dem Logo "klimaneutral" versehen.

Nachhaltigkeit und angewandter Klimaschutz spielen für den Verbraucher eine große Rolle und werden verstärkt nachgefragt. Das Zeichen "klimaneutral" zeichnet ein Qualitätsprodukt aus, das mit einem hohen Grad an Verantwortungs- und Umweltbewusstsein hergestellt wurde.

Wir können nur hoffen, dass sich auch andere Verlage unserem Beispiel anschließen, und vermitteln gern Kontakt zu den verantwortlichen Stellen.